떼었다 붙였다 하면서 즐기는
종이놀이 도안집

소위니놀이터의
띠부띠부 가게놀이

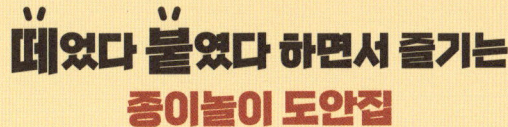

떼었다 붙였다 하면서 즐기는 종이놀이 도안집
소워니놀이터의 띠부띠부 가게놀이

초판 34쇄 발행	2025년 08월 05일
초 판 발 행	2021년 10월 05일
발 행 인	박영일
책 임 편 집	이해욱
저 자	조윤성
편 집 진 행	황규빈
표 지 디 자 인	김도연
편 집 디 자 인	김지현
발 행 처	시대인
공 급 처	(주)시대고시기획
출 판 등 록	제 10-1521호
주 소	서울시 마포구 큰우물로 75 [도화동 538 성지 B/D] 9F
전 화	1600-3600
홈 페 이 지	www.sdedu.co.kr
I S B N	979-11-383-0447-4(13630)
정 가	20,000원

※ 이 책은 저작권법에 의해 보호를 받는 저작물이므로, 동영상 제작 및 무단전재와 복제, 상업적 이용을 금합니다.
※ 이 책의 전부 또는 일부 내용을 이용하려면 반드시 저작권자와 (주)시대고시기획 · 시대인의 동의를 받아야 합니다.
※ 잘못된 책은 구입하신 서점에서 바꾸어 드립니다.

시대인은 종합교육그룹 (주)시대고시기획 · 시대교육의 단행본 브랜드입니다.

prologue

안녕하세요. 소원니놀이터의 소원니, 시원니 엄마입니다.
아이들을 위해 엄마의 특기를 살려 하나둘 만들어 주었던 종이놀이가 어느새 많은 분의 사랑을 받아 이렇게 책까지 출간하게 되었네요. 가장 먼저 이 모든 일의 계기가 되어준 우리 아이들에게 감사의 인사를 전하고 싶습니다.

종이놀이를 만들게 된 것은 아주 단순한 이유였어요. 아이들의 크리스마스 선물로 뭔가 의미 있는 선물을 주고 싶어 고민하던 중 '엄마표 종이놀이'를 직접 만들어서 선물해주면 어떨까 하는 생각이 들었죠. 그래서 바쁜 육아 중에도 시간을 내서 짬짬이 만들었는데, 이런 엄마의 마음이 느껴졌는지 선물을 받자마자 해맑게 웃으며 "엄마 최고!"라고 외치던 아이들의 미소는 정말 잊을 수 없어요. 코팅한 종이가 해질 때까지 가지고 노는 아이들을 보니 뿌듯하기도 했고요. 더 많은 엄마와 아이들이 모두 즐거웠으면 해서 영상을 찍어 유튜브에 올리고 도안을 나눔하기 시작한 것이 오늘의 〈소원니놀이터의 띠부띠부 가게놀이〉가 되었어요.

〈소원니놀이터의 띠부띠부 가게놀이〉는 단순한 놀잇감을 넘어 아이들이 즐겁게 놀면서도 배우는 것이 있도록 다양한 요소들을 넣었어요. 저도 엄마이다 보니 조금이라도 아이들에게 도움이 되었으면 했거든요.

첫 번째는 '놀이하면서 공부하기'예요.
가게놀이는 역할놀이와 숫자놀이를 동시에 할 수 있어요. 가게의 주인과 손님으로 나눠 역할놀이를 할 수 있고요. 장바구니에 물건을 담으며 숫자공부를, 물건의 가격을 확인하며 덧셈과 뺄셈을, 물건에 대한 값을 계산하고 돈을 지불하면서 경제관념까지 배울 수 있어요.

두 번째는 '스스로 정리하기'예요.
종이놀이는 떼었다 붙였다 할 수 있는 것이 특징인데요. 스티커와 비슷하기 때문에 다 가지고 놀았다면 배경판에 붙여 깔끔하게 정리할 수 있어요. 정리를 마친 종이놀이는 책장에 꽂아 보관하면 되고요. 이 과정을 아이가 직접 할 수 있도록 유도하여 정리하는 습관을 길러주세요.

〈소원니놀이터의 띠부띠부 가게놀이〉는 코팅하고, 오리고, 붙이면 완성되기 때문에 손재주가 없는 분들도 쉽게 따라 만들 수 있어요. 만드는 과정과 반비례로 일러스트는 아주 섬세하게 그렸으니 더욱 생동감 있는 놀이를 할 수 있을 거예요. 엄마의 깜짝 선물로, 혹은 아이와 함께 가게를 만들고 놀이를 하면서 즐거운 집콕생활을 즐겨보세요.

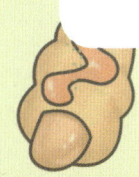
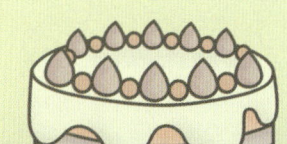

소원니놀이터_조윤성

contents

프롤로그

PART 1
띠부띠부 가게놀이 준비하기

01. 도구&재료 소개 및 사용법 /8
+ 도안 코팅하기 : 코팅기계(+ 코팅지), 손코팅지, 투명 박스테이프
+ 도안 붙였다 떼었다 하기 : 투명 양면테이프, 종이 양면테이프
+ 도안 오리기 : 가위, 칼, 커팅매트
+ 도안 조립하기 : 얇은 투명테이프, 둘레방아 커터기
+ 도안에 글씨쓰기 : 네임펜

02. 도안 만들기 기호 /13

03. 띠부띠부 가게놀이 준비하기 /14
+ 캐릭터 보관함
+ 장바구니
+ 돈 & 돈 봉투

PART 2
띠부띠부 가게놀이 튜토리얼

새콤달콤 과일 가게
/20

달콤함이 가득~ 디저트 가게
/24

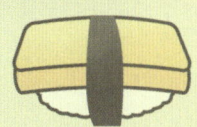

없는 거 빼고 다 있는 마트
/ 28

따끈따끈 베이커리
/ 32

우리의 소울푸드, 떡볶이 분식점
/ 36

더위야 가라, 아이스크림 가게
/ 40

외식하는 날엔, 초밥 가게
/ 44

머리가 띵~ 파르페 가게
/ 48

편식 걱정 뚝! 피자 가게
/ 52

스피드가 생명, 햄버거 가게
/ 56

PART 3
띠부띠부 가게놀이 도안 / 61

BONUS
띠부띠부 가게놀이 컬러링 도안 /183

PART 1

띠부띠부 가게놀이
준비하기

띠부띠부 가게놀이를 시작하기 전에 미리 준비해요. 필요한 도구와 재료는 어떤 것이 있고, 어떻게 사용해야 하는지 알려드릴게요. 어려운 부분은 없으니까 가볍게 읽으면서 방법을 익혀보세요.

도구&재료 소개 및 사용법

띠부띠부 가게놀이를 시작하기 전에 도안을 만들 때 사용하는 도구와 재료를 알아봐요. 주변에서 쉽게 구할 수 있는 도구와 재료지만 한 번 더 꼼꼼하게 확인해보세요!

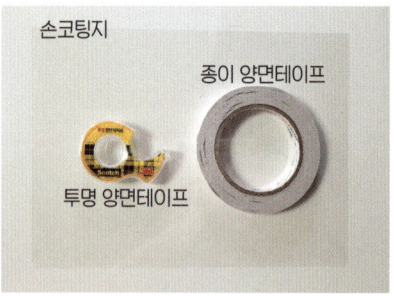
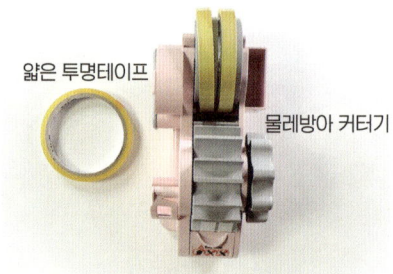

🌿 도안 코팅하기

코팅기계(+ 코팅지), 손코팅지, 투명 박스테이프

띠부띠부 가게놀이에 없어서는 안 되는 재료 중 하나가 바로 코팅지예요. 도안을 양면으로 코팅하면 붙였다 떼었다 하는 것이 자유로워 가게놀이를 훨씬 재미있게 할 수 있고, 잘 구겨지거나 찢어지지 않아 튼튼하게 오랫동안 가지고 놀 수 있어요. 코팅할 수 있는 도구와 재료는 크게 세 가지인데요. 본인의 상황에 맞게 선택해서 만들어보세요.

1. 코팅기계(+ 코팅지)

책에서는 사용하지 않았지만, '코팅'이라고 하면 가장 먼저 생각나는 도구예요. 도안을 코팅지 사이에 끼우고 예열된 기계에 넣어 통과시키면, 코팅기계가 코팅지에 열을 가해 앞뒤로 붙여주어 쉽고 깔끔하게 코팅할 수 있어요.

- ＋ 장점 : 양면을 한 번에 코팅해서 깔끔하고 빨라요.
- － 단점 : 코팅기계가 없다면 따로 구매해야 하므로 금전적인 부담이 있어요.

2. 손코팅지

이름 그대로 손으로 코팅을 할 수 있는 재료예요. 손코팅지는 한쪽 면에는 접착력이 있고 다른 한쪽 면은 비닐로 되어있어 한쪽 면만 코팅이 되기 때문에, **도안 1장을 양면 코팅하려면 손코팅지 2장이 필요**해요. 먼저 코팅지의 비닐을 떼어내고 접착력이 있는 면에 도안을 붙인 다음 손이나 천으로 슥슥 문질러요. 반대쪽도 같은 방법으로 붙이면 손쉽게 양면 코팅을 할 수 있어요.

- ＋ 장점 : 코팅기계가 없어도 쉽게 코팅할 수 있어요.
- － 단점 : 열을 가해서 완벽하게 밀착시킨 것이 아니기 때문에 놀이를 하다 보면 종이와 코팅지가 분리될 수 있어요.

쉽게 따라 해요. 소워니 skill

• 손코팅지로 도안 코팅하기

1. 손코팅지의 비닐을 제거한 뒤, 끈끈한 접착면 위에 도안을 올리고 손으로 슥슥 문질러 뒷면을 붙여요.

2. 손코팅지를 하나 더 꺼내 마찬가지로 비닐을 제거한 뒤, 도안의 앞면에 붙여 슥슥 문지르면 양면 코팅이 완성돼요.

tip. 손코팅지를 붙일 때는 앞면과 뒷면에 붙이는 코팅지가 도안의 사방에서 서로 맞닿도록 붙여요. 먼저 윗부분을 맞추고 손으로 문지르면서 공기방울이 생기지 않도록 주의하며 붙여요.

3. 투명 박스테이프

코팅기계와 손코팅지가 없어도 괜찮아요. 투명 박스테이프 하나만 있어도 코팅을 할 수 있답니다. 너비가 넓은 투명 박스테이프를 도안 위에 붙여주면 돼요. 도안의 앞뒤를 꼼꼼하게 붙인 다음 손이나 천으로 슥슥 문지르면 완성입니다.

+ 장점 : 코팅 재료 중에 가장 쉽게 구할 수 있어요.
− 단점 : 앞뒷면을 모두 코팅해야 하기 때문에 손이 많이 가고, 실수할 확률이 높아서 깔끔하게 완성하기가 어려워요.

궁금한 건 못 참아! 시워니 Q&A

Q. 코팅은 꼭 해야 하나요?
A. 도안이 종이기 때문에 코팅을 하지 않으면 금방 구겨지고 찢어져서 오래 가지고 놀 수가 없어요. 과정이 조금 번거롭지만 코팅을 해야 물이 묻어도 변색이 크게 없고 튼튼하게 오랫동안 놀 수 있어요.

Q. 뒷면도 코팅해야 하나요? 앞면만 하면 안 되나요?
A. 뒷면까지 꼼꼼하게 코팅해야 붙였다 떼었다 하면서 놀 수 있어요. 뒷면 코팅을 하지 않으면 도안이 찢어지거나, 도안에 붙인 양면테이프가 쉽게 떨어져요.

Q. 코팅하니까 너무 납작해져서 떼기가 힘든데 어떡하죠?
A. 놀이를 시작하기 전에 붙였다 떼었다 할 소품 도안을 약간씩 구부리면 떼기가 훨씬 수월해져요. 이때 주의할 점은 '접는' 게 아니라 '구부리는' 거예요. 손으로 잡기 편할 정도로만 살짝 구부려주세요.

🌿 도안 붙였다 뗐다 하기

투명 양면테이프, 종이 양면테이프

띠부띠부 가게놀이를 더욱 재미있게 할 수 있도록 만들어주는 재료예요. 소품 도안의 뒷면에 있는 회색 상자(▢)에 양면테이프를 붙이면 소품을 붙였다 뗐다 하면서 놀 수 있어요. 양면테이프는 재질에 따라 두 가지가 있는데 각각의 특징만 잘 확인한다면 어떤 걸 사용하든 상관없어요.

1. 투명 양면테이프

투명 양면테이프에는 다양한 종류가 있는데, 저는 그중에서 '스카치 투명 양면테이프'를 사용하고 있어요. 종이를 따로 뗄 필요가 없고, 가위를 사용하지 않아도 원하는 만큼 잘라서 쓸 수 있어서 아주 편리해요. 종이 양면테이프와 비교해 접착력이 약한 편이지만, 오히려 그런 면이 붙였다 뗐다 하며 놀기에 딱이에요.

2. 종이 양면테이프

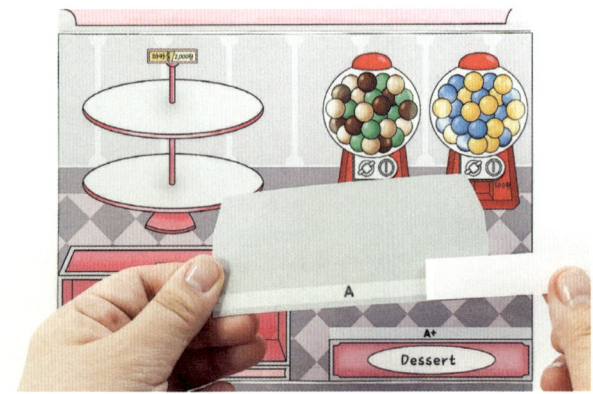

우리가 일반적으로 알고 있는 양면테이프예요. 가위를 사용해 원하는 길이로 잘라 필요한 곳에 붙이고 종이를 제거해서 사용하면 돼요. 접착력이 강하기 때문에 단단히 붙여야 하는 소품(테이블, 쇼케이스 등)에 주로 사용해요. 물론 붙였다 뗐다 하는 소품에 사용해도 되는데, 그럴 때는 양면테이프를 붙인 다음 손이나 책상에 붙였다 뗐다를 반복해서 접착력을 떨어뜨린 다음에 놀이를 시작해요.

궁금한 건 못 참아! 시워니 Q&A

Q. 소품에 붙인 양면테이프가 잘 떨어지는데 어떻게 해야 하나요?
A. 배경에서 소품을 뗐는데 소품에 붙어있어야 하는 양면테이프가 배경에 붙어있는 경우가 종종 생길 거예요. 양면테이프를 너무 크게 붙였거나 접착력이 강하면 이처럼 소품에서 잘 떨어져요. 그럴 때는 양면테이프를 회색 상자의 크기에 맞춰 조그맣게 붙이고, 손이나 책상에 톡톡톡 붙였다 떼었다 하면서 접착력을 떨어뜨린 다음 놀이해요.

Q. 양면테이프를 안 붙이고 그냥 놀면 안 되나요?
A. 소품 도안의 크기가 작으므로 양면테이프를 붙이지 않으면 분실 우려가 있어요. 또한 일부 가게놀이는 붙였다 떼었다를 해야만 제대로 놀 수 있도록 만들었으니 번거롭더라도 꼭 양면테이프를 붙여주세요.

Q. 종이놀이를 너무 많이 사용해서 잘 붙지 않을 때는 어떻게 하죠?
A. 붙였다 떼었다를 많이 하면 양면테이프의 접착력이 떨어져서 잘 안 붙을 수 있는데요. 그때는 접착력이 떨어진 양면테이프 위에 새로운 양면테이프를 다시 덧대어서 붙이면 돼요.

 ## 도안 오리기

가위, 칼, 커팅매트

도안을 오릴 때 사용하는 도구들이에요. 가위나 칼 중 편한 도구를 사용하면 돼요. 저는 곡선이 있거나 크기가 작은 소품은 가위로 오리고, 직선이 있거나 크기가 큰 소품, 가운데를 뚫어야 하는 소품의 경우에는 칼로 오렸어요. 칼을 사용할 때는 바닥에 커팅매트를 깔아두세요. 커팅매트를 깔아두면 도안이 움직이지 않아 훨씬 수월하게 오릴 수 있고, 책상에 흠집도 나지 않아요. 가위와 칼을 사용할 때는 손을 다치지 않게 조심하세요.

 쉽게 따라 해요. 소워니 skill

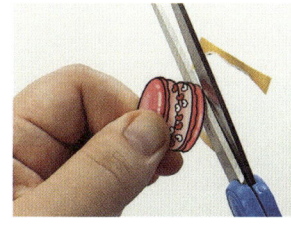 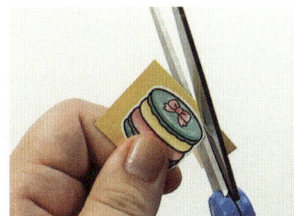  

- **선 따라 오리기** : 도안에는 검은색 선과 하얀색 선이 있는데, 검은색 선을 따라 오리기 힘들다면 하얀색 선을 따라 오리세요. 검은색 선을 따라 오리면 테두리를 깔끔하게 표현할 수 있지만 자칫하면 소품을 자르는 실수를 할 수 있어요. 하얀색 선은 검은색 선보다 굵어서 여백이 있기 때문에 가위로 오리다가 실수를 해도 소품에는 영향이 없어요.

- **가운데 오리기** : 입체감을 주기 위해 가운데를 뚫어야 하는 소품들이 있어요. 주변은 그대로 두고 가운데만 오려내야 하는데 이럴 때는 칼을 사용하면 좋아요. 오려야 하는 도안 가운데에 '가위(✂)' 표시가 있으니 확인하고 오려주세요.

🌿 도안 조립하기

얇은 투명테이프, 물레방아 커터기

 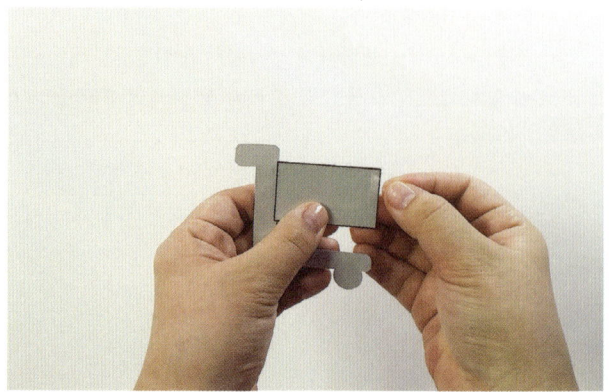

얇은 투명테이프는 도안을 조립할 때 필요해요. 배경의 위아래에 문을 연결해 붙이면 접었다 폈다가 가능하고, 장바구니, 카트, 수저통 등 입체감이 필요한 소품을 조립할 때 사용하면 안쪽 공간에 물건을 넣을 수 있어요. 투명테이프를 사용할 때는 물레방아 커터기를 사용하면 훨씬 수월해요. 만약 물레방아 커터기가 없다면 가위로 잘라도 되고, 일반 스카치테이프를 사용해도 좋아요.

🌿 도안에 글씨쓰기

네임펜

모든 가게의 간판은 이름을 직접 적을 수 있도록 칸을 비워두었는데요. 네임펜은 빈 곳에 이름을 적을 때 사용해요. 네임펜 이외에도 사인펜, 매직, 마커 등 다양한 펜을 사용해도 좋아요. 단, 코팅하면 글씨를 쓰기 힘들 수도 있으니 코팅하기 전에 가게 이름을 먼저 쓰도록 해요.

도안 만들기 기호

도안을 오리고 조립할 때 사용하는 기호를 소개할게요.
복잡하진 않지만 한번 봐두면 훨씬 수월할 거예요.

기호	이름	사용법
———	실선	가위나 칼로 오리세요. 테두리의 검은색 실선을 따라 오리기 힘들다면 하얀색 선을 따라 오려도 좋아요.
----------	점선	안쪽으로 접으세요.
✂	가위	가위 표시가 있는 부분을 오려내요. 칼을 사용하면 좋아요.
—✂	가위선	가위 표시 앞에 있는 실선에 칼집을 내요.
▬	주황색 상자	벨크로(일명 찍찍이)를 붙이세요. 한 쌍의 벨크로를 각각 위아래에 나눠 붙여요. (책에서는 양면테이프로도 충분해서 벨크로 대신 투명 양면테이프를 사용했어요.)
▬	회색 상자	양면테이프를 붙이세요.
A A+	붙임 상자	A 와 A+ 를 서로 마주보게 붙이세요. 알파벳은 A부터 D까지 있으며 같은 알파벳끼리 붙이면 돼요.

띠부띠부 가게놀이 준비하기

본격적으로 띠부띠부 가게놀이를 시작하기 전에 모든 놀이에 공통으로 사용되는 소품을 만들어볼게요. 가게가 바뀌어도 계속 사용하는 소품들이니 꼼꼼하게 만들고 잃어버리지 않도록 주의하세요.

🌿 캐릭터 보관함

가게를 운영할 소워니, 시워니와 손님이 될 동물 친구들, 그리고 장바구니와 돈 봉투를 보관할 수 있어요.

도안 **63~66p**

1. 캐릭터 보관함과 캐릭터 도안을 '코팅-양면테이프 붙이기-오리기' 순서로 진행해 준비해요.

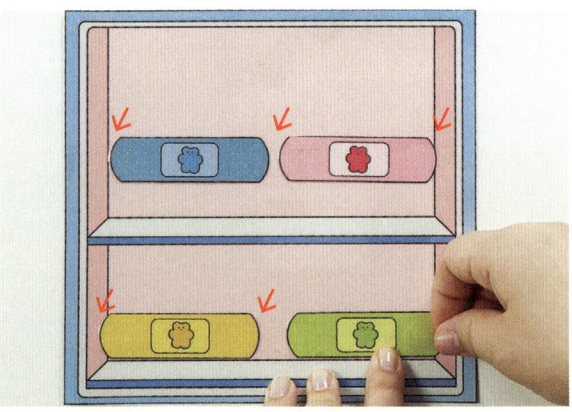

2. 캐릭터 보관함의 아래쪽에 밴드를 사진과 같이 올려두고 양옆을 투명테이프로 붙여요.

tip. 전부 다 붙이는 것이 아니라 양옆에만 붙여 밴드 뒤쪽으로 캐릭터가 들어갈 자리를 만들어주세요.

3. 오려둔 캐릭터들을 위치에 맞게 끼우면 완성이에요. 뒤에서 만들 장바구니와 돈 봉투도 함께 보관하면 좋아요.

🌿 장바구니

장바구니를 만들어볼게요. 가게놀이를 할 때 구매한 물건을 담는 용도로 사용하면 돼요.

도안 65~66p

1. 장바구니 도안을 '코팅-양면테이프 붙이기-오리기' 순서로 진행해 준비해요.

   tip. 캐릭터들을 오릴 때 한 번에 오리면 편리해요. 손잡이 안쪽은 다치지 않게 조심하면서 칼로 오려주세요.

2. 도안의 앞면과 뒷면을 겹쳐서 잘 맞춰요. 입체감을 주기 위해 손잡이와 장바구니의 윗부분은 비대칭으로 만들었으니 장바구니의 아랫면을 기준으로 맞추는 것이 좋아요.

3. 장바구니의 양옆과 아래를 투명테이프로 붙이면 완성이에요. 이때 투명테이프에 가위집을 내면 곡선도 깔끔하게 붙일 수 있어요.

   tip. 장바구니의 맨 윗부분과 손잡이는 붙이지 않아요.

4. 가게놀이를 할 때는 장바구니 안에 물건을 담아서 놀면 돼요.

🌿 돈 & 돈 봉투

가게놀이를 할 때 사용할 돈과 돈을 보관할 봉투를 만들어볼게요. 돈을 가지고 가게놀이를 하면 자연스럽게 돈의 가치를 깨달을 수 있어 경제관념을 익힐 수 있어요.

※ 돈 도안이 새롭게 리뉴얼 되었어요. 더욱 깜찍하게 만들었으니 사진&영상과 다르다고 당황하지 마세요.

도안 **67~70p**

1. 돈과 돈 봉투 도안을 '코팅-오리기' 순서로 진행해 준비해요.

tip. 돈 봉투 도안은 반드시 투명 박스테이프로 코팅해주세요. 일반 코팅지로 하면 잘 안 접혀요.

2. 돈 봉투를 만들어요. 도안의 점선을 따라 안쪽으로 접어주세요.

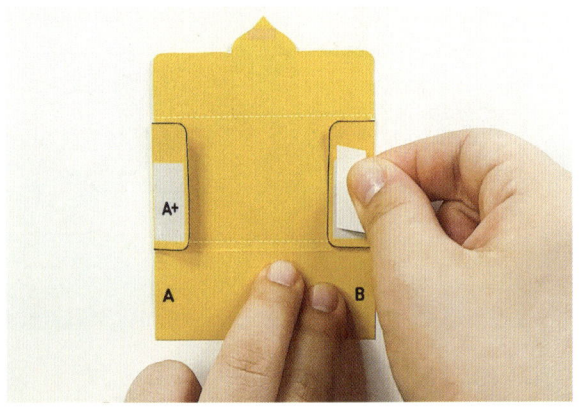

3. **A+** 와 **B+** 에 종이 양면테이프를 붙여요.

tip. 봉투의 날개 부분은 떨어지지 않아야 하니 접착력이 강한 종이 양면테이프를 사용해요.

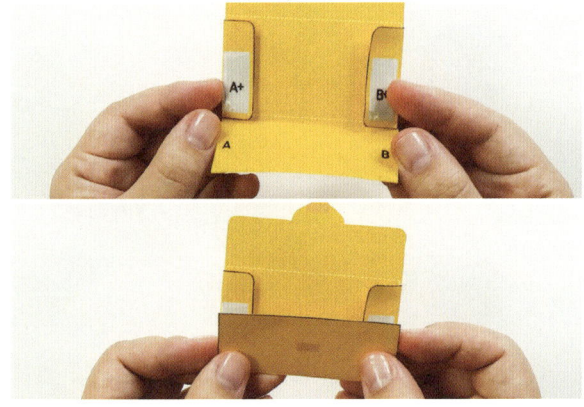

4. 양면테이프의 종이를 제거하고 봉투의 아랫부분을 위로 접어 각 알파벳끼리 마주보도록 붙여요.

5. 주황색 상자에 투명 양면테이프를 붙이면 완성이에요.

tip. 봉투의 윗부분은 계속 열었다 닫았다 해야 하므로 접착력이 약한 투명 양면테이프를 사용해요. 벨크로를 사용해도 좋아요.

6. 같은 방법으로 분홍색 봉투도 접은 다음, 봉투 안에 돈을 넣어 보관해요.

tip. 분홍색 봉투는 C+ 와 D+ 에 종이 양면테이프를 붙이고 같은 알파벳끼리 마주보도록 접어 붙여요.

※ 주의하세요!

1. 도안을 자를 때는 가위와 칼을 사용해야 하므로 다치지 않게 조심하세요.
2. 아이들이 작은 종이 조각을 입에 가져가거나 삼키지 않도록 주의를 기울여주세요.
3. 도안의 위아래 문에는 주황색 상자가 있어요. 원래는 벨크로를 붙여 열고 닫을 수 있도록 만들었는데, 양면테이프로도 충분해서 책에서는 투명 양면테이프를 사용했어요. 만약 벨크로를 사용하고 싶다면 한 쌍의 벨크로를 주황색 상자에 맞춰 위아래에 나눠 붙여주세요.
4. 만드는 방법이 헷갈린다면 QR코드를 읽어 영상으로 확인하세요. 단, 영상은 참고용으로 책과 순서가 다를 수 있어요.

※ 이렇게 놀아요!

1. 소워니와 시워니는 가게 주인, 동물 친구들은 손님이에요. 각자 역할을 맡아 **역할놀이**를 해보세요.
2. 원하는 물건을 담을 때는 하나, 둘, 셋 숫자도 함께 세어보고, 물건을 넣었다 뺐다 하면서 **숫자놀이**도 함께해요.
3. 각각의 물건에는 가격이 정해져 있어요. 놀이를 하면서 가게 주인 역할을 맡은 친구는 **돈 계산하는 방법**을 익히고, 손님 역할을 맡은 친구는 주어진 금액에서 **알뜰하게 물건 사는 방법**을 익힐 수 있어요. 자연스럽게 경제관념도 키울 수 있답니다.

PART 2

띠부띠부 가게놀이
튜토리얼

도안으로 띠부띠부 가게 만드는 방법을 소개해요.
만드는 방법은 아주 간단해요. 원하는 도안을 선택하고 – 가게 이름을
쓰고 – 코팅하고 – 양면테이프를 붙이고 – 자르고 – 튜토리얼을 확인하며
완성해요. 엄마표 띠부띠부 가게놀이로 재미있게 놀아보세요.

 # 새콤달콤 과일 가게

골라요, 골라~ 신선한 과일이 가득 있어요.
아삭한 사과, 새콤한 오렌지, 시원한 수박. 어떤 걸로 드릴까요?

# HOW TO MAKE

도안 **71~82p**

1.

과일 가게 도안을 '코팅-양면테이프 붙이기-오리기' 순서로 진행해 준비해요. 소품에 양면테이프를 붙일 때는 과일상자 도안은 종이 양면테이프, 그 밖의 소품은 투명 양면테이프로 붙여요.

tip. 코팅하기 전에 가게 이름을 먼저 적는 것 잊지 마세요!

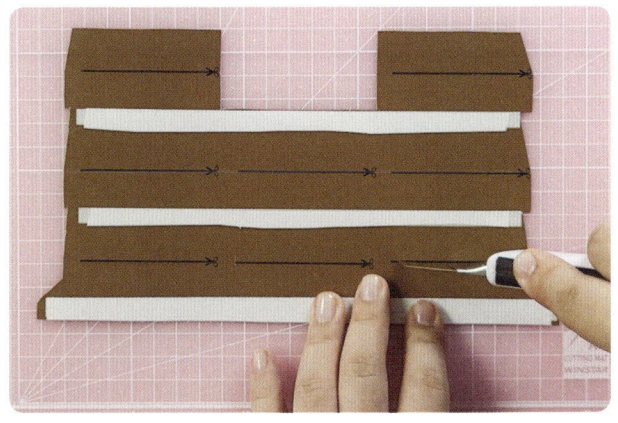

2.

과일상자 도안을 뒤집어 뒷면의 가위선을 따라 칼집을 내요. 칼을 사용할 때는 손을 다치지 않도록 조심해요.

3.

위쪽 문 도안과 배경 도안을 붙일 거예요. 두 개의 도안 사이에 약간의 틈을 두고 위아래로 정렬한 뒤, 투명테이프로 붙여서 연결해요.

tip. 위쪽 문 도안과 배경 도안을 연결할 때는 문이 열리고 닫히는 모습을 생각하면서 붙여요. 이때 두 개의 도안 사이에 약간의 틈이 있어야 잘 접혀요.

4.

아래쪽 문 도안과 배경 도안 역시 3번과 같은 방법으로 붙여 연결해요.

5.

연결한 아래쪽 문 도안을 접은 다음, 주황색 상자에 투명 양면테이프를 붙여서 여닫을 수 있도록 만들어요.

tip. 벨크로를 사용하고 싶다면 위쪽 문과 아래쪽 문에 있는 주황색 상자에 벨크로 한 쌍을 나눠 붙여요.

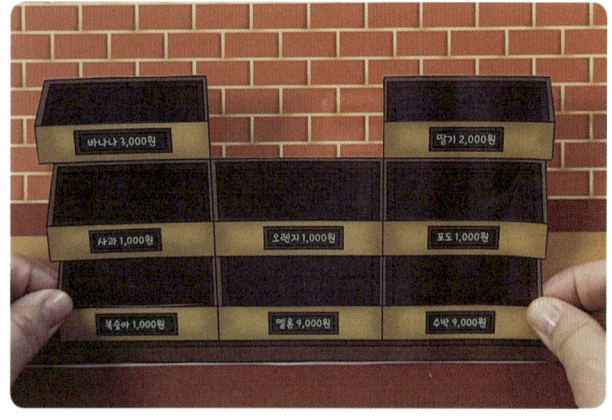

6.

과일상자 도안에 붙인 양면테이프의 종이를 제거하고, 과일상자의 A와 배경의 A+의 위치를 확인한 뒤 맞춰 붙여요.

tip. 과일상자는 배경에 딱 붙어서 고정되어 있어야 하므로 접착력이 강한 종이 양면테이프를 사용해요.

7.

과일상자에 적힌 이름에 맞춰 과일과 소품들을 정리해요. 과일은 2번에서 낸 칼집 안쪽으로 살짝 넣어 입체감을 살려요.

8.

소워니와 시워니에게 옷을 입히고 모자를 씌우면 과일 가게 종이놀이 준비 끝!

9.

동물 친구들이 장바구니에 과일을 담아오면 계산을 하면서 놀이를 즐겨요.

달콤함이 가득~ 디저트 가게

달콤한 캔디, 말랑말랑 젤리곰, 폭신폭신 머핀, 달콤쫀득 마카롱.
어서오세요. 달콤함이 가득한 디저트 가게입니다.

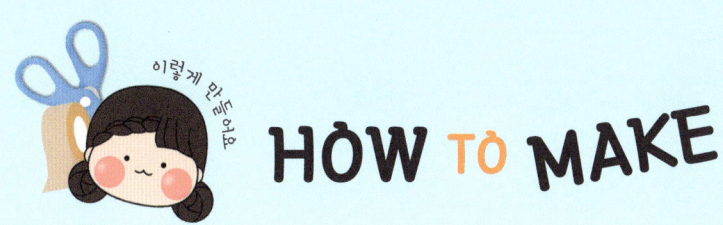 # HOW TO MAKE

도안 83~92p

1.

디저트 가게 도안을 '코팅-양면테이프 붙이기-오리기' 순서로 진행해 준비해요. 소품에 양면테이프를 붙일 때는 쇼케이스 도안은 종이 양면테이프, 그 밖의 소품은 투명 양면테이프로 붙여요.

tip. 코팅하기 전에 가게 이름을 먼저 적는 것을 잊지 마세요!

2.

위쪽 문 도안과 배경 도안을 붙일 거예요. 두 개의 도안 사이에 약간의 틈을 두고 위아래로 정렬한 뒤, 투명테이프로 붙여서 연결해요.

tip. 위쪽 문 도안과 배경 도안을 연결할 때는 문이 열리고 닫히는 모습을 생각하면서 붙여요. 이때 두 개의 도안 사이에 약간의 틈이 있어야 잘 접혀요.

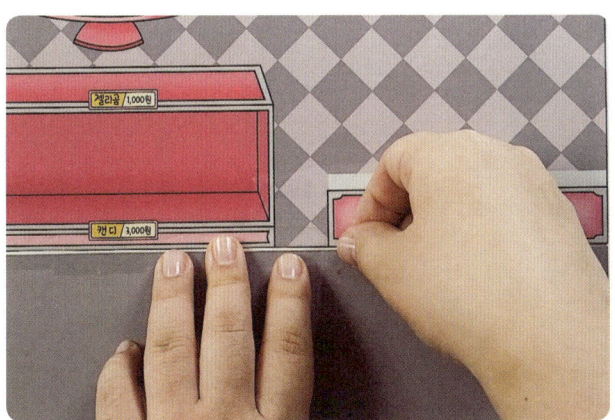

3.

아래쪽 문 도안과 배경 도안 역시 2번과 같은 방법으로 붙여 연결해요.

4.

연결한 아래쪽 문 도안을 접은 다음, 주황색 상자에 투명 양면테이프를 붙여서 여닫을 수 있도록 만들어요.

tip. 벨크로를 사용하고 싶다면 위쪽 문과 아래쪽 문에 있는 주황색 상자에 벨크로 한 쌍을 나눠 붙여요.

5.

쇼케이스 도안에 붙인 양면테이프의 종이를 제거하고, 쇼케이스의 A와 배경의 A+의 위치를 확인한 뒤 맞춰 붙여요.

tip. 쇼케이스는 배경에 딱 붙어서 고정되어 있어야 하므로 접착력이 강한 종이 양면테이프를 사용해요.

6.

배경에 적힌 이름에 맞춰 디저트와 소품들을 정리해요.

7.

소워니와 시워니에게 옷을 입히고 모자를 씌우면 디저트 가게 종이놀이 준비 끝!

8.
동물 친구들이 장바구니에 디저트를 담아오면 계산을 하면서 놀이를 즐겨요.

없는 거 빼고 다 있는 마트

신선식품부터 냉동식품, 과자까지. 없는 거 빼고 다 있는 마트예요.
카트에 먹고 싶은 물건을 담고 계산대에서 삑삑 계산해요.

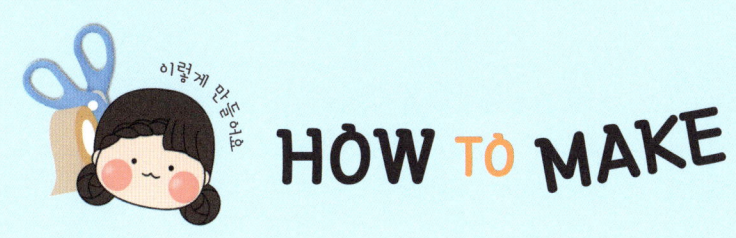 

도안 93~104p

1.

마트 도안을 '코팅-양면테이프 붙이기-오리기' 순서로 진행해 준비해요. 소품에 양면테이프를 붙일 때는 계산대 도안은 종이 양면테이프, 그 밖의 소품은 투명 양면테이프로 붙여요.

tip. 코팅하기 전에 가게 이름을 먼저 적는 것을 잊지 마세요!

2.

카트 도안을 준비해요. 카트의 바구니 뒤쪽에 네모난 도안을 겹치고 양옆과 아랫면을 투명테이프로 붙여 입체감을 줘요.

tip. 위쪽에는 물건을 담아야 하니 테이프를 붙이지 않아요.

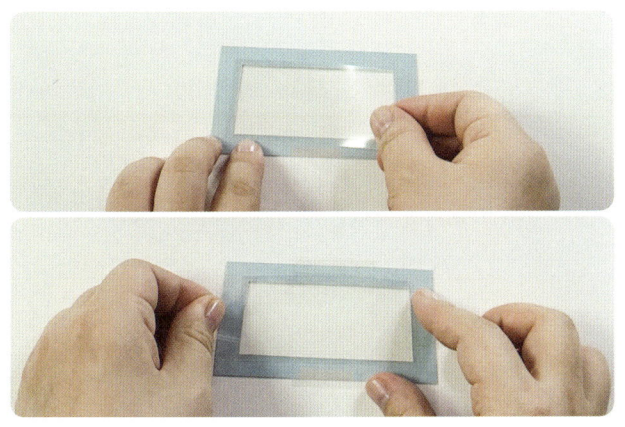

3.

아이스크림 상자 문 도안 뒷면에 비닐을 뜯지 않은 손코팅지를 크기에 맞게 잘라서 올려둔 다음, 사방을 투명테이프로 붙여 문에 유리창을 만들어요.

tip 문 도안 바깥쪽으로 삐져나온 투명테이프는 가위로 잘라 깔끔하게 만들어요.

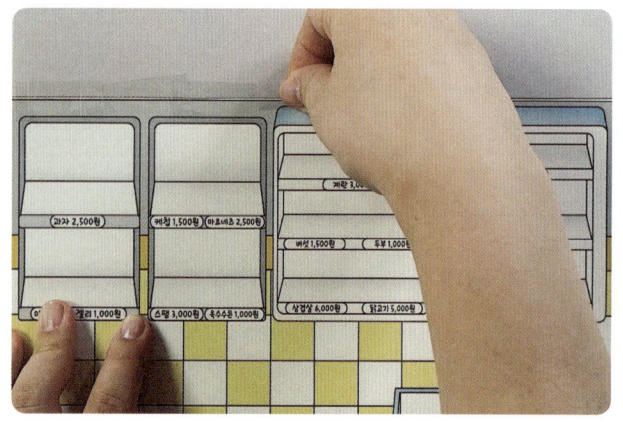

4.

위쪽 문 도안과 배경 도안을 붙일 거예요. 두 개의 도안 사이에 약간의 틈을 두고 위아래로 정렬한 뒤, 투명테이프로 붙여서 연결해요.

tip. 위쪽 문 도안과 배경 도안을 연결할 때는 문이 열리고 닫히는 모습을 생각하면서 붙여요. 이때 두 개의 도안 사이에 약간의 틈이 있어야 잘 접혀요.

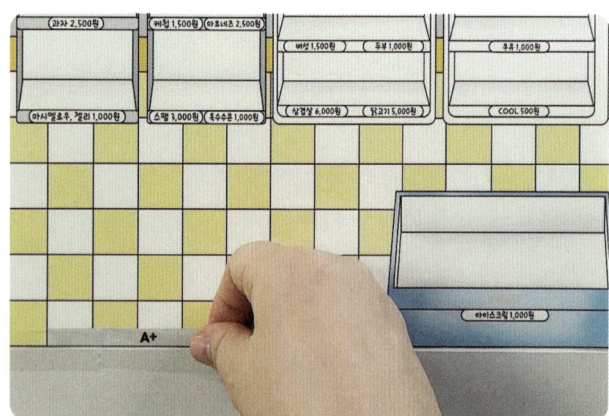

5.

아래쪽 문 도안과 배경 도안 역시 4번과 같은 방법으로 붙여 연결해요.

6.

연결한 아래쪽 문 도안을 접은 다음 주황색 상자에 투명 양면테이프를 붙여서 여닫을 수 있도록 만들어요.

tip. 벨크로를 사용하고 싶다면 위쪽 문과 아래쪽 문에 있는 주황색 상자에 벨크로 한 쌍을 나눠 붙여요.

7.

계산대 도안에 붙인 양면테이프의 종이를 제거하고, 계산대의 A와 배경의 A+의 위치를 확인한 뒤 맞춰 붙여요.

tip. 계산대는 배경에 딱 붙어서 고정되어 있어야 하므로 접착력이 강한 종이 양면테이프를 사용해요.

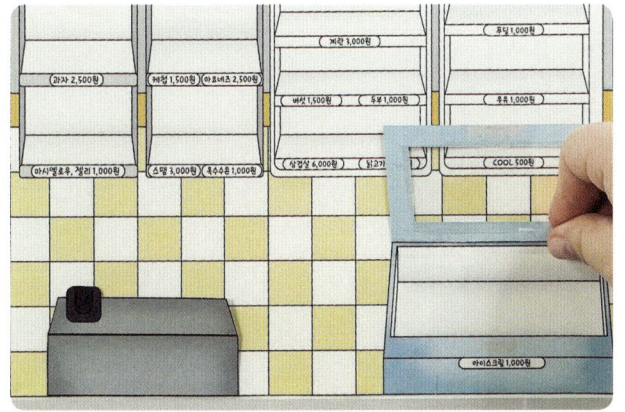

8.
3번에서 만든 아이스크림 상자 문을 붙여요. 배경의 아이스크림 상자 위쪽에 문의 좁은 부분을 맞춰 붙일 위치를 잡은 다음 투명테이프를 붙여 연결해요. 그다음 회색 상자에 투명 양면테이프를 붙여 문을 위아래로 여닫을 수 있도록 만들어요.

9.
배경에 적힌 이름에 맞춰 물건들을 정리해요.

10.
소워니와 시워니에게 조끼를 입히고 모자와 머리띠를 씌우면 마트 종이놀이 준비 끝!

11.
동물 친구들이 카트에 물건을 담아오면 바코드를 찍어 계산하면서 놀이를 즐겨요.

따끈따끈 베이커리

갓 구운 고소한 빵 냄새가 지나가던 동물 친구들의 발길을 붙잡았어요.
오늘 간식은 따끈따끈한 빵으로 정하는 게 어때요?

HOW TO MAKE

도안 105~114p

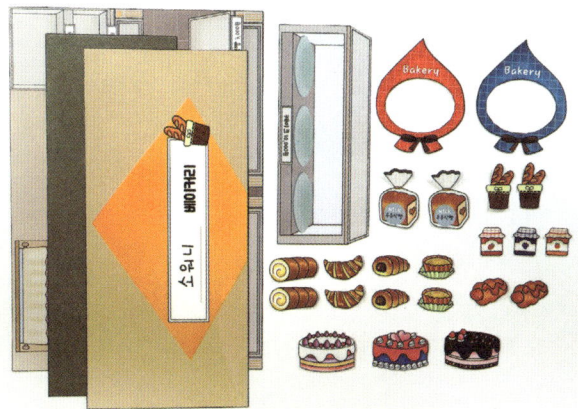

1.

베이커리 도안을 '코팅-양면테이프 붙이기-오리기' 순서로 진행해 준비해요. 소품에 양면테이프를 붙일 때는 쇼케이스 도안은 종이 양면테이프, 그 밖의 소품은 투명 양면테이프로 붙여요.

tip. 코팅하기 전에 가게 이름을 먼저 적는 것을 잊지 마세요!

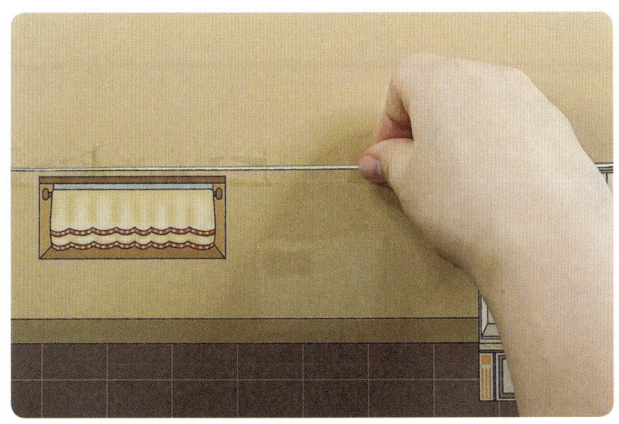

2.

위쪽 문 도안과 배경 도안을 붙일 거예요. 두 개의 도안 사이에 약간의 틈을 두고 위아래로 정렬한 뒤, 투명테이프로 붙여서 연결해요.

tip. 위쪽 문 도안과 배경 도안을 연결할 때는 문이 열리고 닫히는 모습을 생각하면서 붙여요. 이때 두 개의 도안 사이에 약간의 틈이 있어야 잘 접혀요.

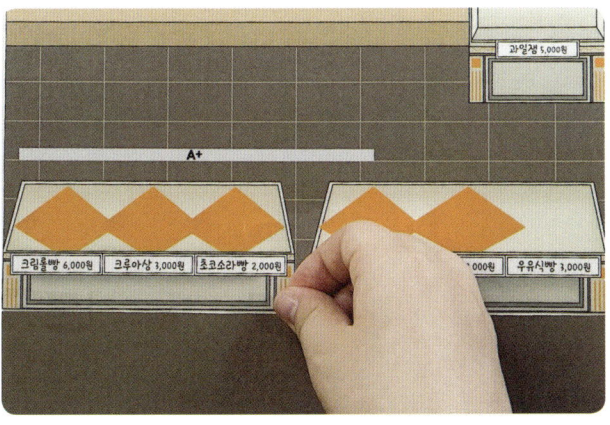

3.

아래쪽 문 도안과 배경 도안 역시 2번과 같은 방법으로 붙여 연결해요.

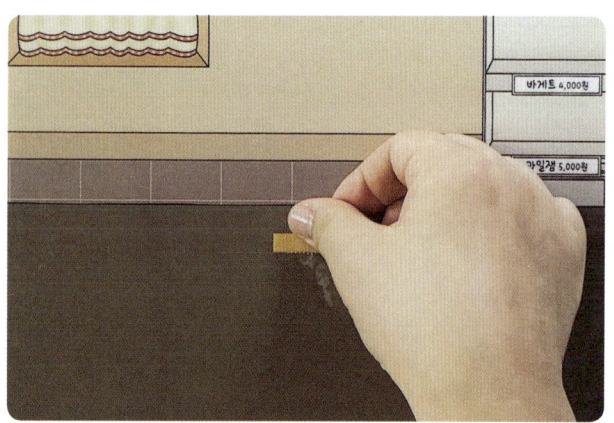

4.

연결한 아래쪽 문 도안을 접은 다음 주황색 상자에 투명 양면테이프를 붙여서 여닫을 수 있도록 만들어요.

tip. 벨크로를 사용하고 싶다면 위쪽 문과 아래쪽 문에 있는 주황색 상자에 벨크로 한 쌍을 나눠 붙여요.

5.

쇼케이스 도안에 붙인 양면테이프의 종이를 제거하고, 쇼케이스의 A와 배경의 A+의 위치를 확인한 뒤 맞춰 붙여요.

tip. 쇼케이스는 배경에 딱 붙어서 고정되어 있어야 하므로 접착력이 강한 종이 양면테이프를 사용해요.

6.

배경에 적힌 이름에 맞춰 빵과 소품들을 정리해요.

7.

소워니와 시워니에게 두건을 씌우면 베이커리 종이놀이 준비 끝!

8.
동물 친구들이 장바구니에 빵을 담아오면 계산을 하면서
놀이를 즐겨요.

 # 우리의 소울푸드, 떡볶이 분식점

매콤달콤 떡볶이, 바삭한 튀김, 쫀득한 순대, 뜨끈한 어묵, 입안 가득 김밥까지.
어떤 걸 좋아할지 몰라서 전부 다 준비했어요.
떡볶이 한 접시 하실래요?

# HOW TO MAKE

도안 115~124p

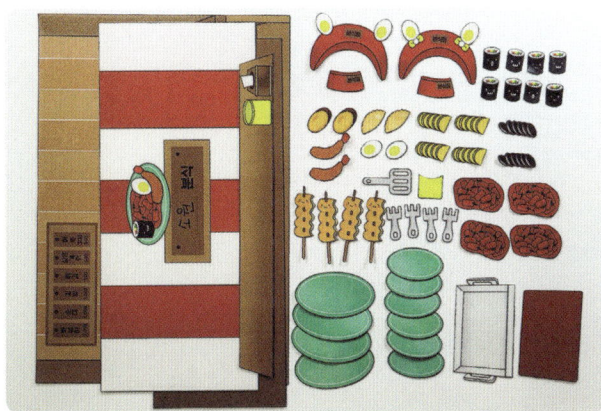

1.

분식점 도안을 '코팅-양면테이프 붙이기-오리기' 순서로 진행해 준비해요. 소품에 양면테이프를 붙일 때는 테이블 도안은 종이 양면테이프, 그 밖의 음식과 소품은 투명 양면테이프로 붙여요.

tip. 코팅하기 전에 가게 이름을 먼저 적는 것을 잊지 마세요!

2.

배경 도안을 뒤집어 가위선을 따라 칼집을 내요.

tip. 칼을 사용할 때는 손을 다치지 않게 조심해요.

3.

위쪽 문 도안과 배경 도안을 붙일 거예요. 두 개의 도안 사이에 약간의 틈을 두고 위아래로 정렬한 뒤, 투명테이프로 붙여서 연결해요.

tip. 위쪽 문 도안과 배경 도안을 연결할 때는 문이 열리고 닫히는 모습을 생각하면서 붙여요. 이때 두 개의 도안 사이에 약간의 틈이 있어야 잘 접혀요.

4.
아래쪽 문 도안과 배경 도안 역시 3번과 같은 방법으로 붙여 연결해요.

5.
연결한 아래쪽 문 도안을 접은 다음 주황색 상자에 투명 양면테이프를 붙여서 여닫을 수 있도록 만들어요.

tip. 벨크로를 사용하고 싶다면 위쪽 문과 아래쪽 문에 있는 주황색 상자에 벨크로 한 쌍을 나눠 붙여요.

6.
테이블 도안에 붙인 양면테이프의 종이를 제거하고, 테이블의 A와 배경의 A+의 위치를 확인한 뒤 맞춰 붙여요.

tip. 테이블은 배경에 딱 붙어서 고정되어 있어야 하므로 접착력이 강한 종이 양면테이프를 사용해요.

7.
노란색 포크통 도안을 테이블의 포크통 위에 맞춰 올리고, 양옆과 아래를 투명테이프로 한 번에 붙여 입체감을 줘요.

tip. 위쪽은 포크를 꽂아야 하니 테이프를 붙이지 않아요.

8.

포크통에 포크를 꽂아 넣고, 2번에서 칼집을 낸 어묵통에는 어묵을 끼워 넣어요.

9.

사진을 참고해서 음식과 소품들을 정리해요.

10.

소워니와 시워니에게 앞치마를 입히고 모자를 씌우면 분식점 종이놀이 준비 끝!

11.

동물 친구들이 주문한 대로 맛있는 음식을 담아주면서 놀이를 즐겨요.

# 더위야 가라, 아이스크림 가게

더울 때 먹는 아이스크림만큼 시원한 건 또 없죠.
달콤한 아이스크림에 토핑까지 올리면 더욱 맛있게 즐길 수 있어요.
참! 배탈이 나지 않도록 조금만 먹어야 해요.

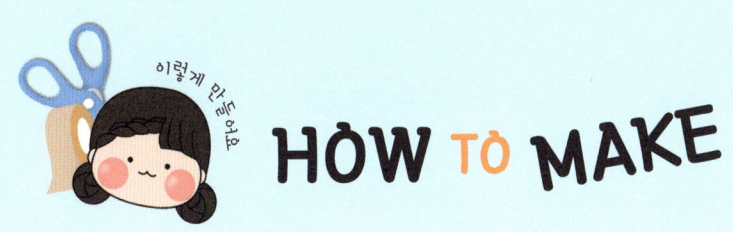 

도안 125~134p

1.

아이스크림 가게 도안을 '코팅–양면테이프 붙이기–오리기' 순서로 진행해 준비해요. 소품에 양면테이프를 붙일 때는 테이블 도안은 종이 양면테이프, 그 밖의 소품은 투명 양면테이프로 붙여요.

tip. 코팅하기 전에 가게 이름을 먼저 적는 것을 잊지 마세요!

2.

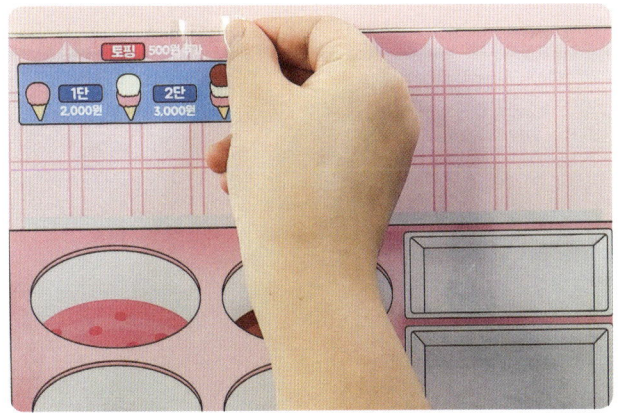

위쪽 문 도안과 배경 도안을 붙일 거예요. 두 개의 도안 사이에 약간의 틈을 두고 위아래로 정렬한 뒤, 투명테이프로 붙여서 연결해요.

tip. 위쪽 문 도안과 배경 도안을 연결할 때는 문이 열리고 닫히는 모습을 생각하면서 붙여요. 이때 두 개의 도안 사이에 약간의 틈이 있어야 잘 접혀요.

3.

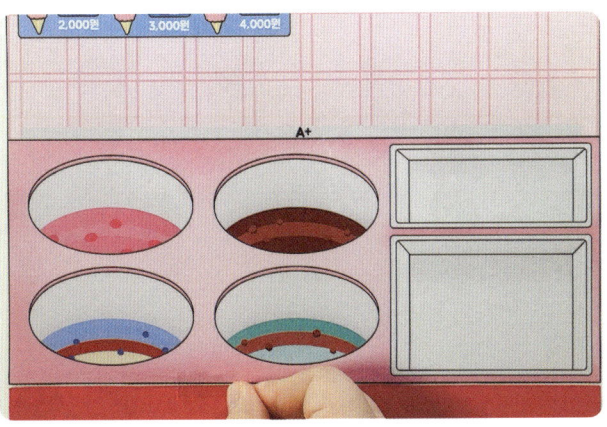

아래쪽 문 도안과 배경 도안 역시 2번과 같은 방법으로 붙여 연결해요.

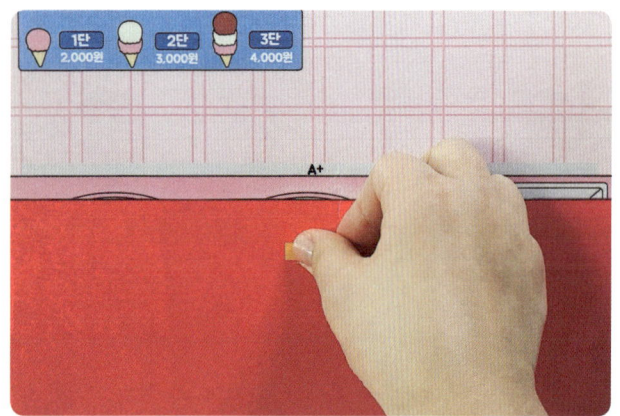

4.

연결한 아래쪽 문 도안을 접은 다음 주황색 상자에 투명 양면테이프를 붙여서 여닫을 수 있도록 만들어요.

tip. 벨크로를 사용하고 싶다면 위쪽 문과 아래쪽 문에 있는 주황색 상자에 벨크로 한 쌍을 나눠 붙여요.

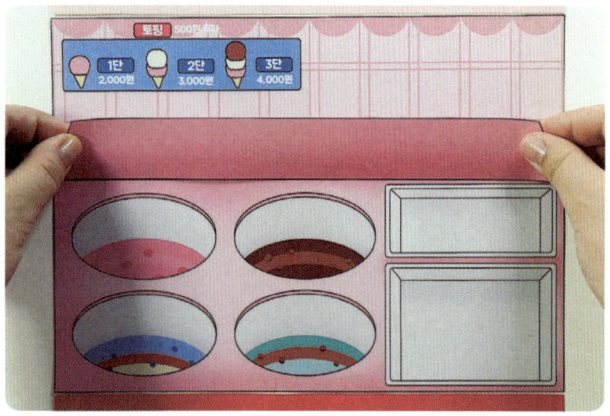

5.

테이블 도안에 붙인 양면테이프의 종이를 제거하고, 테이블의 A와 배경의 A+의 위치를 확인한 뒤 맞춰 붙여요.

tip. 테이블은 배경에 딱 붙어서 고정되어 있어야 하므로 접착력이 강한 종이 양면테이프를 사용해요.

6.

사진을 참고해서 아이스크림과 소품들을 정리해요.

7.

소워니와 시워니에게 옷을 입히고 모자를 씌우면 아이스크림 가게 종이놀이 준비 끝!

8.
동물 친구들이 주문한 대로 다양한 아이스크림콘을 만들어주며 놀이를 즐겨요.

 # 외식하는 날엔, 초밥 가게

평소와는 다른 음식을 먹고 싶을 때, 외식 메뉴로 초밥은 어때요?
다양한 종류의 초밥이 있어서 골라 먹는 재미가 있어요.

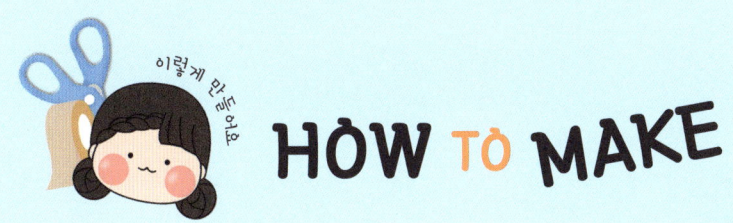 # HOW TO MAKE

도안 135~146p

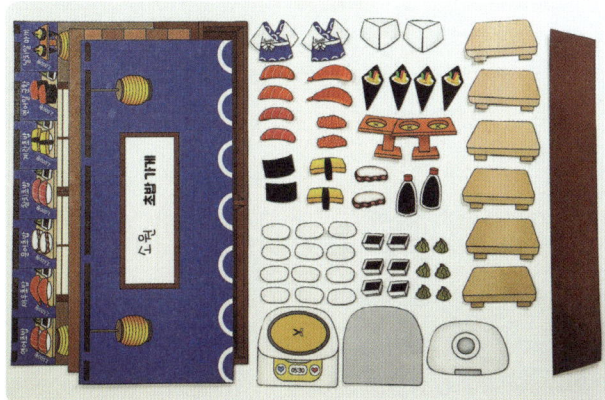

1.

초밥 가게 도안을 '코팅-양면테이프 붙이기-오리기' 순서로 진행해 준비해요. 소품에 양면테이프를 붙일 때는 테이블 도안은 종이 양면테이프, 그 밖의 소품은 투명 양면테이프로 붙여요.

tip. 코팅하기 전에 가게 이름을 먼저 적는 것을 잊지 마세요!

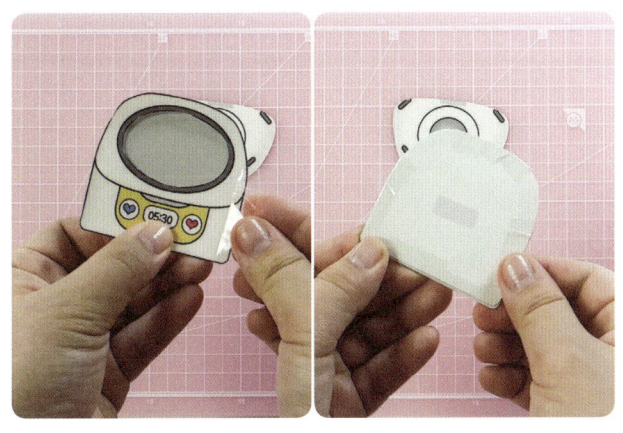

2.

밥솥 몸체의 앞면에 가위 표시가 있는 부분을 칼로 동그랗게 오려내고, 뒷면과 겹친 다음 사방에 투명테이프를 붙여 입체감을 줘요.

3.

2번의 밥솥 몸체에 뚜껑을 연결해요. 닫히는 모습을 생각하며 투명테이프를 붙여 연결하고, 뚜껑이 열리는 부분에는 투명 양면테이프를 붙여 여닫을 수 있도록 만들어요.

tip. 투명테이프로 연결한 다음 뚜껑을 닫았을 때 도안 바깥으로 튀어나오는 부분을 가위로 자르면 훨씬 깔끔하게 완성할 수 있어요.

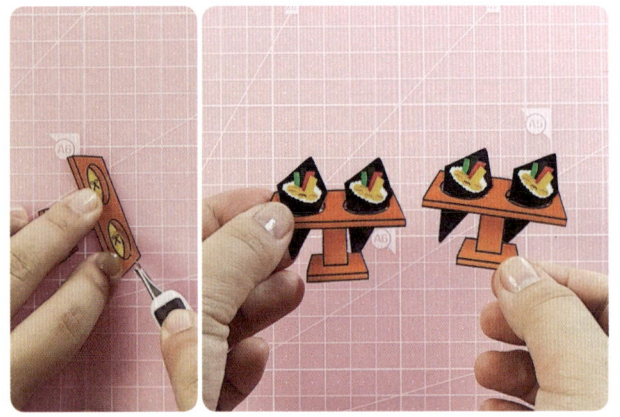

4.
마끼 받침대에 가위 표시가 있는 부분을 칼로 동그랗게 오려내고, 날치알 마끼를 꽂아 준비해요.

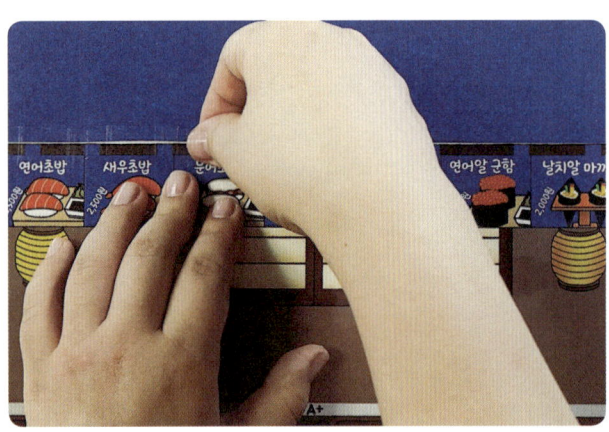

5.
위쪽 문 도안과 배경 도안을 붙일 거예요. 두 개의 도안 사이에 약간의 틈을 두고 위아래로 정렬한 뒤, 투명테이프로 붙여서 연결해요.

tip. 위쪽 문 도안과 배경 도안을 연결할 때는 문이 열리고 닫히는 모습을 생각하면서 붙여요. 이때 두 개의 도안 사이에 약간의 틈이 있어야 잘 접혀요.

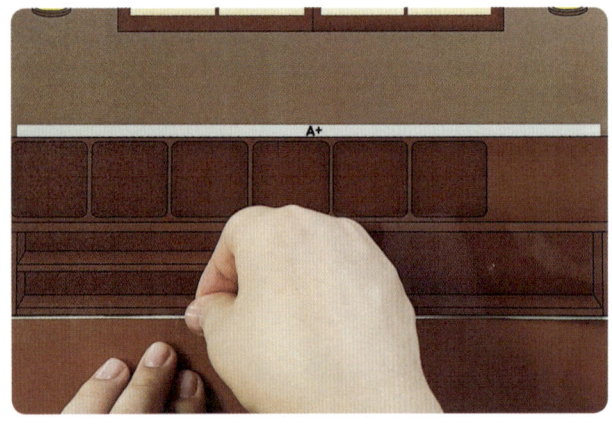

6.
아래쪽 문 도안과 배경 도안 역시 5번과 같은 방법으로 붙여 연결해요.

7.
연결한 아래쪽 문 도안을 접은 다음 주황색 상자에 투명 양면테이프를 붙여서 여닫을 수 있도록 만들어요.

tip. 벨크로를 사용하고 싶다면 위쪽 문과 아래쪽 문에 있는 주황색 상자에 벨크로 한 쌍을 나눠 붙여요.

8.

테이블 도안에 붙인 양면테이프의 종이를 제거하고, 테이블의 A와 배경의 A+의 위치를 확인한 뒤 맞춰 붙여요.

tip. 테이블은 배경에 딱 붙어서 고정되어 있어야 하므로 접착력이 강한 종이 양면테이프를 사용해요.

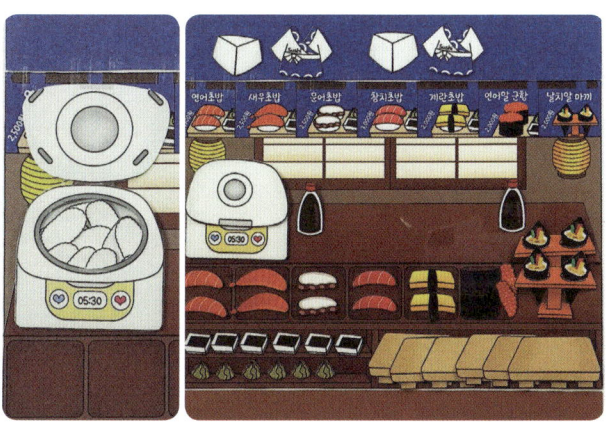

9.

사진을 참고해서 초밥과 소품들을 정리해요. 이때 밥은 밥솥 안에 넣어주세요.

10.

소워니와 시워니에게 옷을 입히고 모자를 씌우면 초밥 가게 종이놀이 준비 끝!

11.

동물 친구들이 주문한 대로 맛있는 초밥을 만들어주며 놀이를 즐겨요.

# 머리가 띵~ 파르페 가게

아이스크림과는 또 다른 매력이 있는 파르페입니다.
다양한 토핑을 올린 파르페에 빨대를 꽂아 호로록 마시면 정말 시원해요.
너무 급하게 마시면 머리가 띵 울리니 조심해요!

 # HOW TO MAKE

도안 147~158p

1.

파르페 가게 도안을 '코팅-양면테이프 붙이기-오리기' 순서로 진행해 준비해요. 소품에 양면테이프를 붙일 때는 테이블 도안은 종이 양면테이프, 그 밖의 소품은 투명 양면테이프로 붙여요.

tip. 코팅하기 전에 가게 이름을 먼저 적는 것을 잊지 마세요!

2.

컵 앞면에 가위 표시가 있는 부분을 칼로 오려내고, 뒷면과 겹친 다음 양옆과 아래에 투명테이프를 붙여 입체감을 줘요.

tip. 테이프는 테두리에만 붙이는 거예요. 잘라낸 안쪽으로 테이프를 붙이지 않도록 주의하세요. 컵의 위쪽은 파르페를 넣어야 하니 붙이지 마세요.

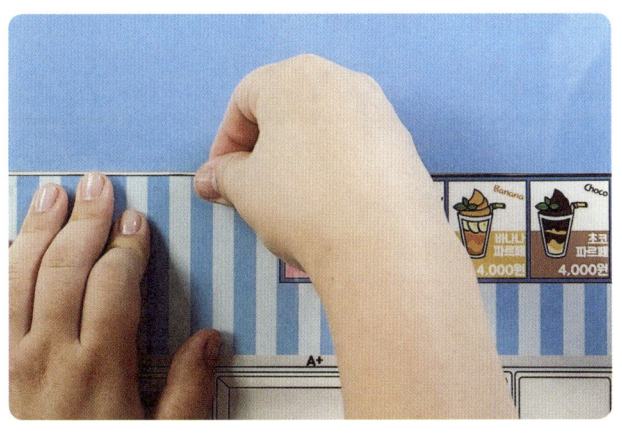

3.

위쪽 문 도안과 배경 도안을 붙일 거예요. 두 개의 도안 사이에 약간의 틈을 두고 위아래로 정렬한 뒤, 투명테이프로 붙여서 연결해요.

tip. 위쪽 문 도안과 배경 도안을 연결할 때는 문이 열리고 닫히는 모습을 생각하면서 붙여요. 이때 두 개의 도안 사이에 약간의 틈이 있어야 잘 접혀요.

4.

아래쪽 문 도안과 배경 도안 역시 3번과 같은 방법으로 붙여 연결해요.

5.

연결한 아래쪽 문 도안을 접은 다음 주황색 상자에 투명 양면테이프를 붙여서 여닫을 수 있도록 만들어요.

tip. 벨크로를 사용하고 싶다면 위쪽 문과 아래쪽 문에 있는 주황색 상자에 벨크로 한 쌍을 나눠 붙여요.

6.

테이블 도안에 붙인 양면테이프의 종이를 제거하고, 테이블의 A와 배경의 A+의 위치를 확인한 뒤 맞춰 붙여요.

tip. 테이블은 배경에 딱 붙어서 고정되어 있어야 하므로 접착력이 강한 종이 양면테이프를 사용해요.

7.

사진을 참고해서 음료와 소품들을 정리해요. 이때 민트잎은 화분에 붙여두어요.

8.

소워니와 시워니에게 옷을 입히고 모자를 씌우면 파르페 가게 종이놀이 준비 끝!

9.

동물 친구들이 원하는 대로 맛있는 파르페를 만들어주며 놀이를 즐겨요.

편식 걱정 뚝! 피자 가게

평소에 잘 먹지 않던 감자나 버섯도 피자와 함께라면 맛있게 먹을 수 있어요.
맛있는 피자로 편식하는 습관을 고쳐보세요.

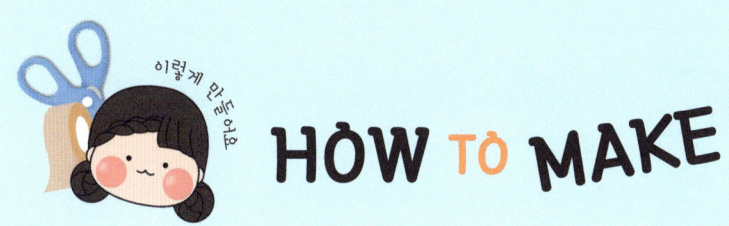 # HOW TO MAKE

도안 159~170p

1.

피자 가게 도안을 '코팅-양면테이프 붙이기-오리기' 순서로 진행해 준비해요. 소품에 양면테이프를 붙일 때는 테이블 도안은 종이 양면테이프, 그 밖의 소품은 투명 양면테이프로 붙여요.

tip. 코팅하기 전에 가게 이름을 먼저 적는 것을 잊지 마세요!

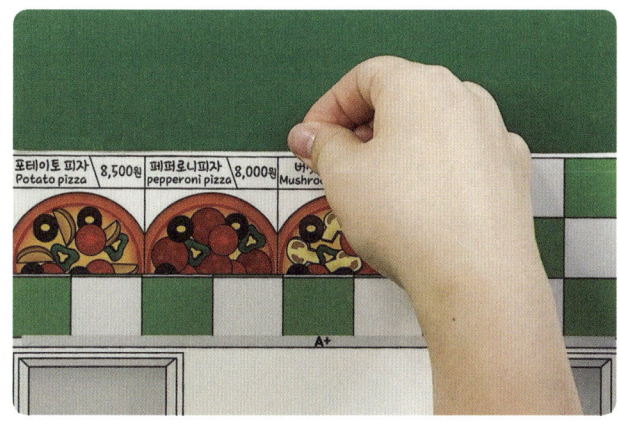

2.

위쪽 문 도안과 배경 도안을 붙일 거예요. 두 개의 도안 사이에 약간의 틈을 두고 위아래로 정렬한 뒤, 투명테이프로 붙여서 연결해요.

tip. 위쪽 문 도안과 배경 도안을 연결할 때는 문이 열리고 닫히는 모습을 생각하면서 붙여요. 이때 두 개의 도안 사이에 약간의 틈이 있어야 잘 접혀요.

3.

아래쪽 문 도안과 배경 도안 역시 2번과 같은 방법으로 붙여 연결해요.

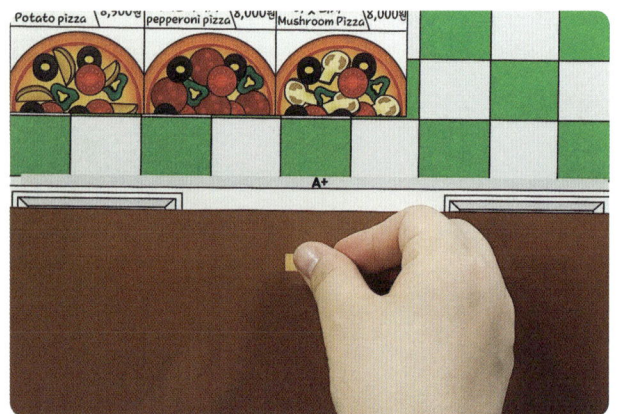

4.

연결한 아래쪽 문 도안을 접은 다음 주황색 상자에 투명 양면테이프를 붙여서 여닫을 수 있도록 만들어요.

tip. 벨크로를 사용하고 싶다면 위쪽 문과 아래쪽 문에 있는 주황색 상자에 벨크로 한 쌍을 나눠 붙여요.

5.

테이블 도안에 붙인 양면테이프의 종이를 제거하고, 테이블의 A와 배경의 A+의 위치를 확인한 뒤 맞춰 붙여요.

tip. 테이블은 배경에 딱 붙어서 고정되어 있어야 하므로 접착력이 강한 종이 양면테이프를 사용해요.

6.

도우 보관함을 만들어요. 갈색의 네모난 도안을 배경 도안의 가운데에 두고 양옆과 아래에 투명테이프를 붙여 입체감을 줘요.

tip 위쪽은 피자 도우를 넣어야 하니 테이프를 붙이지 않아요.

7.

6번에서 만든 도우 보관함에 피자 도우를 넣어 보관해요.

8.

사진을 참고해서 토핑 재료와 소품들을 정리해요.

9.

소워니와 시워니에게 옷을 입히고 모자를 씌우면 피자 가게 종이놀이 준비 끝!

10.

동물 친구들이 주문한 대로 맛있는 피자를 만들어주며 놀이를 즐겨요.

스피드가 생명, 햄버거 가게

'패스트푸드' 하면 가장 먼저 떠오르는 햄버거.
바빠서 시간이 없으세요? 걱정하지 마세요. 빠르게 만들어 드릴게요!

 # HOW TO MAKE

도안 171~182p

1.

햄버거 가게 도안을 '코팅-양면테이프 붙이기-오리기' 순서로 진행해 준비해요. 소품에 양면테이프를 붙일 때는 테이블 도안은 종이 양면테이프, 그 밖의 소품은 투명 양면테이프로 붙여요.

tip. 코팅하기 전에 가게 이름을 먼저 적는 것을 잊지 마세요!

2.

감자튀김 상자를 위아래로 겹치고 양옆과 아래에 투명테이프를 붙여 입체감을 줘요. 그다음 상자 안에 감자튀김을 넣어 준비해요.

3.

위쪽 문 도안과 배경 도안을 붙일 거예요. 두 개의 도안 사이에 약간의 틈을 두고 위아래로 정렬한 뒤, 투명테이프로 붙여서 연결해요.

tip. 위쪽 문 도안과 배경 도안을 연결할 때는 문이 열리고 닫히는 모습을 생각하면서 붙여요. 이때 두 개의 도안 사이에 약간의 틈이 있어야 잘 접혀요.

4.

아래쪽 문 도안과 배경 도안 역시 3번과 같은 방법으로 붙여 연결해요.

5.

연결한 아래쪽 문 도안을 접은 다음 주황색 상자에 투명 양면테이프를 붙여서 여닫을 수 있도록 만들어요.

tip. 벨크로를 사용하고 싶다면 위쪽 문과 아래쪽 문에 있는 주황색 상자에 벨크로 한 쌍을 나눠 붙여요.

6.

테이블 도안에 붙인 양면테이프의 종이를 제거하고, 테이블의 A와 배경의 A+의 위치를 확인한 뒤 맞춰 붙여요.

tip. 테이블은 배경에 딱 붙어서 고정되어 있어야 하므로 접착력이 강한 종이 양면테이프를 사용해요.

7.

사진을 참고해서 햄버거 재료와 소품들을 정리해요.

8.

소워니와 시워니에게 옷을 입히고 모자를 씌우면 햄버거 가게 종이놀이 준비 끝!

9.

동물 친구들이 주문한 대로 햄버거를 만들어서 트레이에 감자튀김, 케첩과 함께 올려 놀이를 즐겨요.

PART 3
띠부띠부 가게놀이
도안

띠부띠부 가게놀이를 완성할 수 있는 도안을 준비했어요. 책에 있는 가게를 모두 만들 수 있도록 전 작품의 도안을 수록했으니 원하는 도안을 잘라 만들어보세요. 도안을 만들 때는 다치지 않게 언제나 손 조심하는 것 잊지 마세요!

[캐릭터 보관함]

[소워니, 시워니+동물 친구들+장바구니]

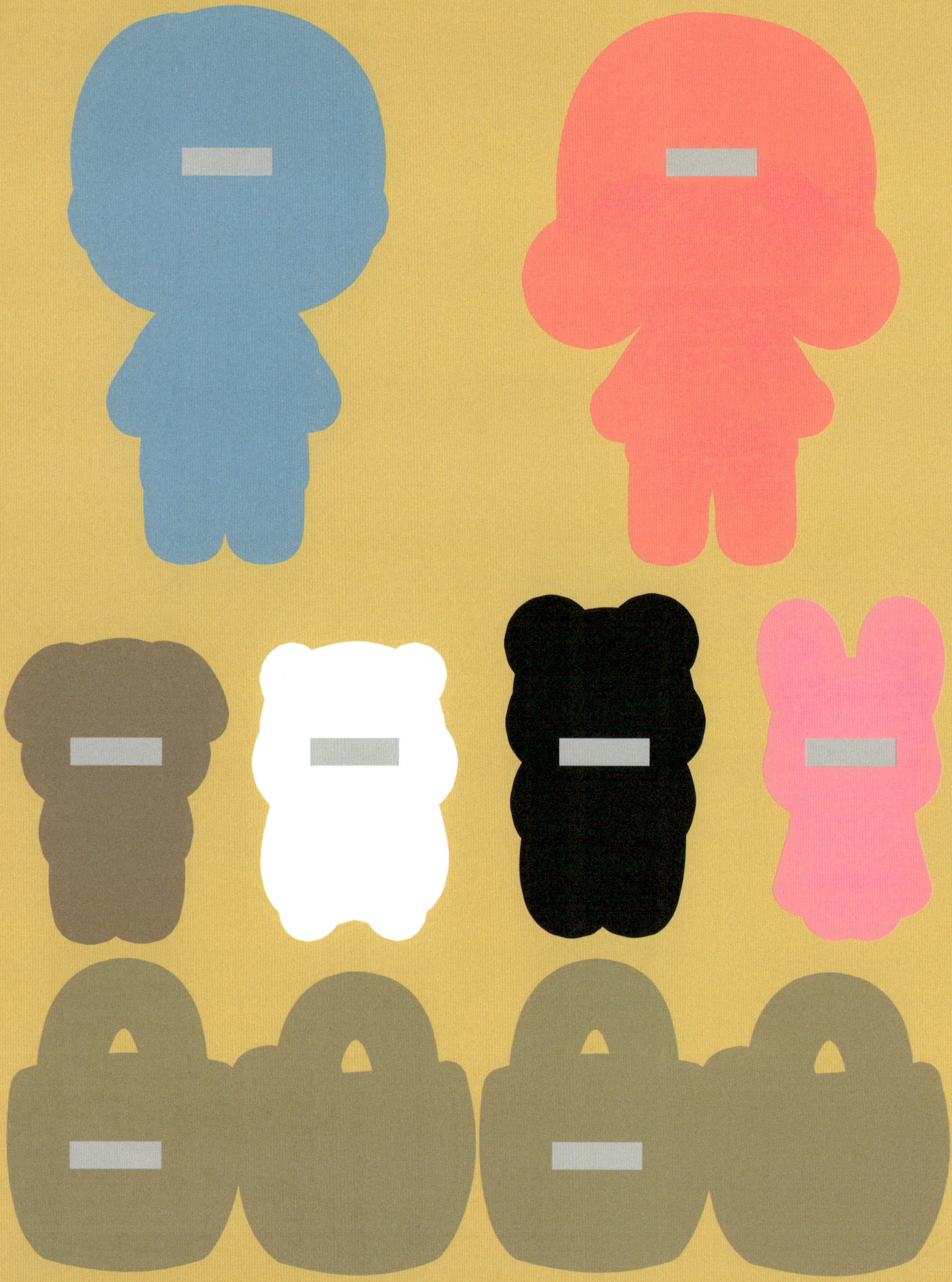

[돈 봉투]

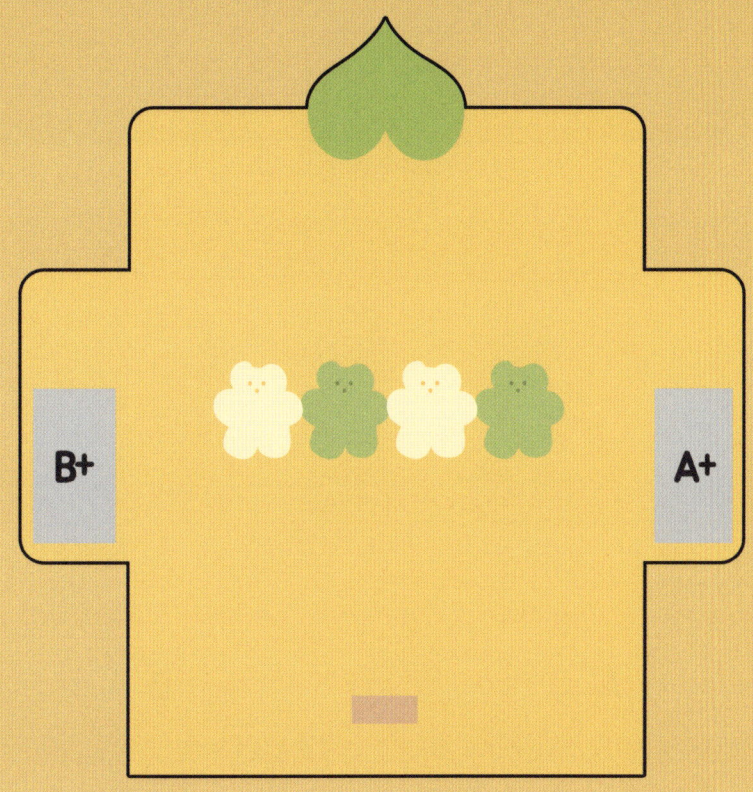

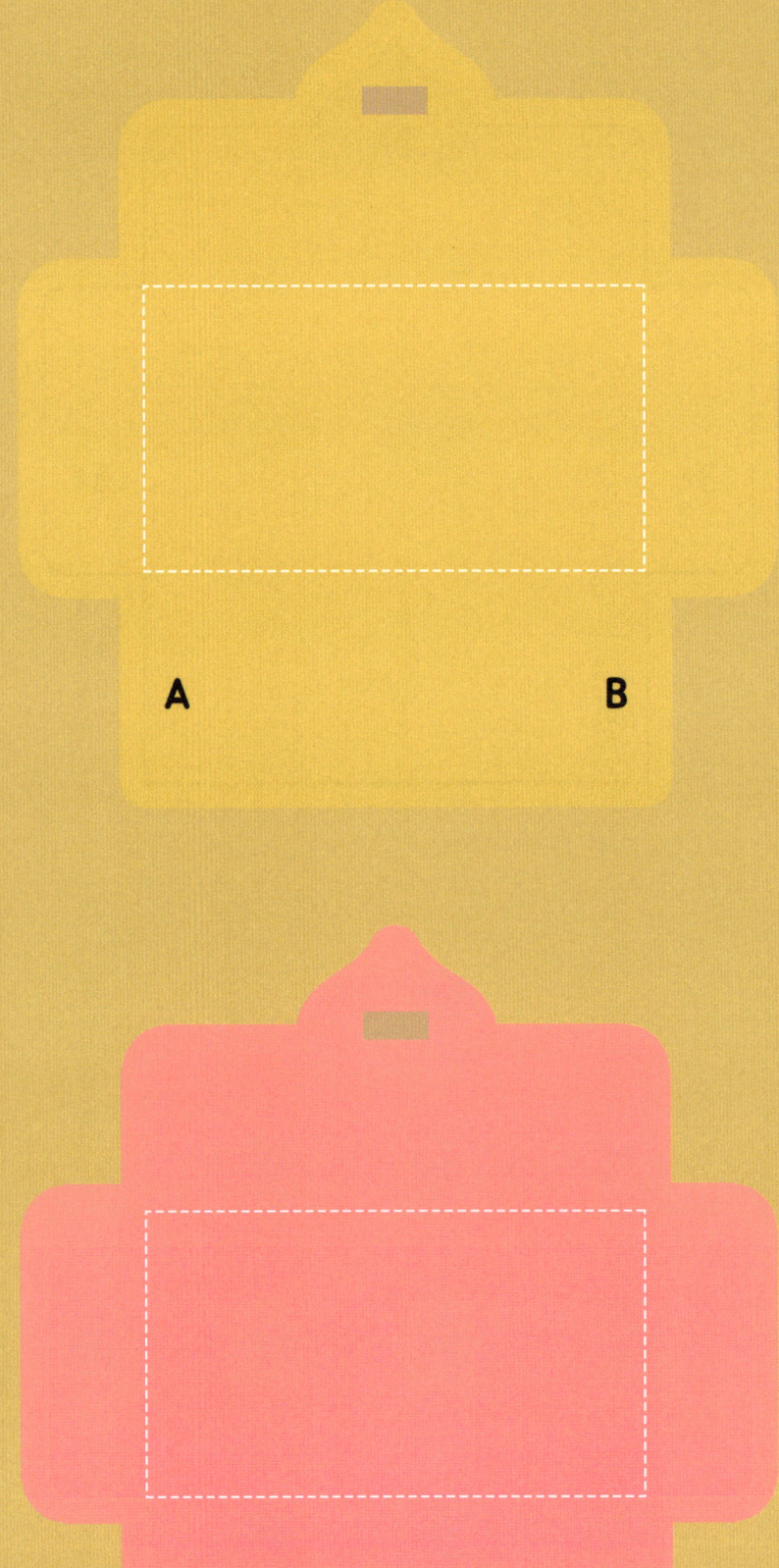

[과일 가게 ① : 배경]

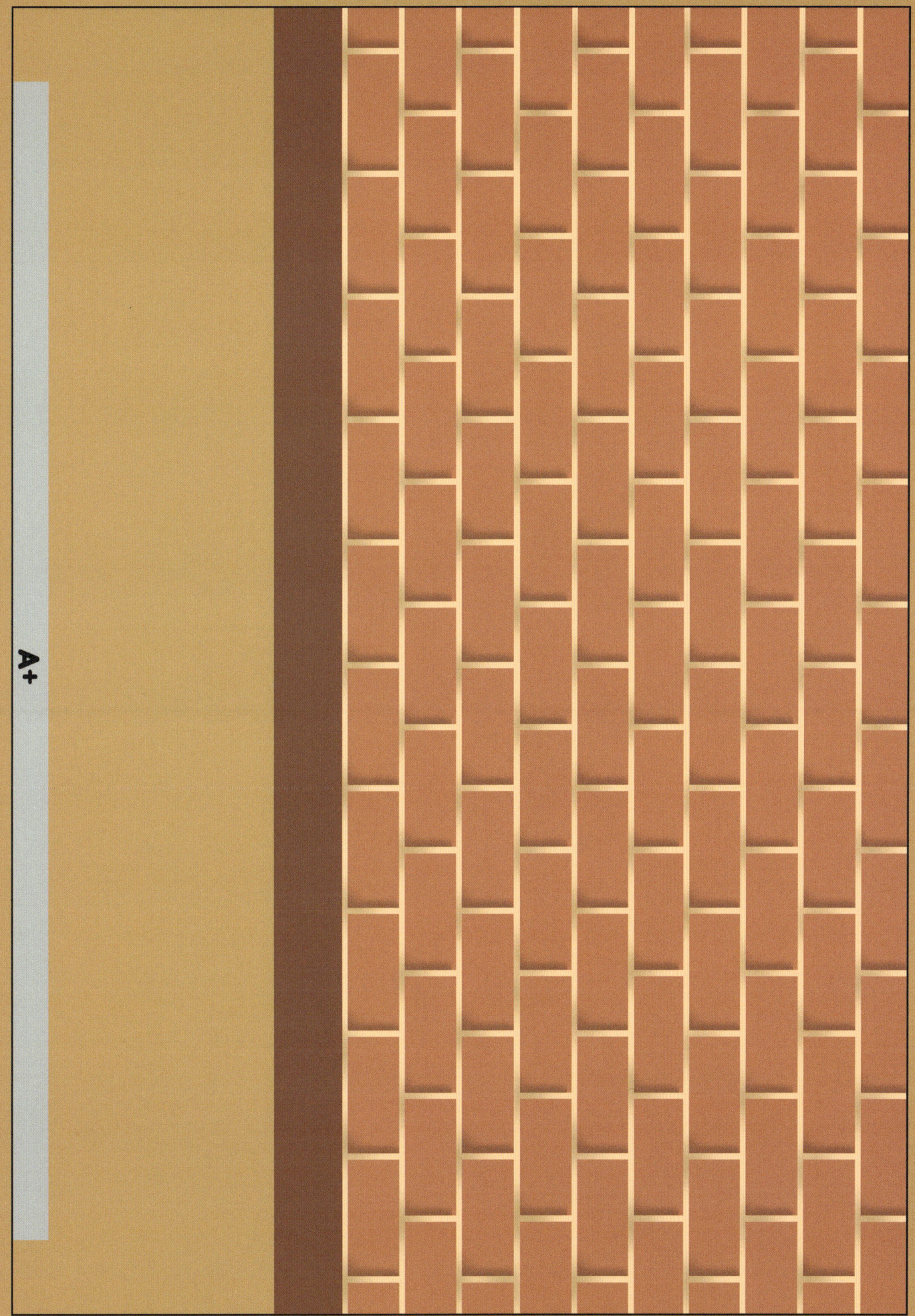

[과일 가게② : 위쪽 문]

[과일 가게 ③ : 아래쪽 문]

[과일 가게④ : 과일상자]

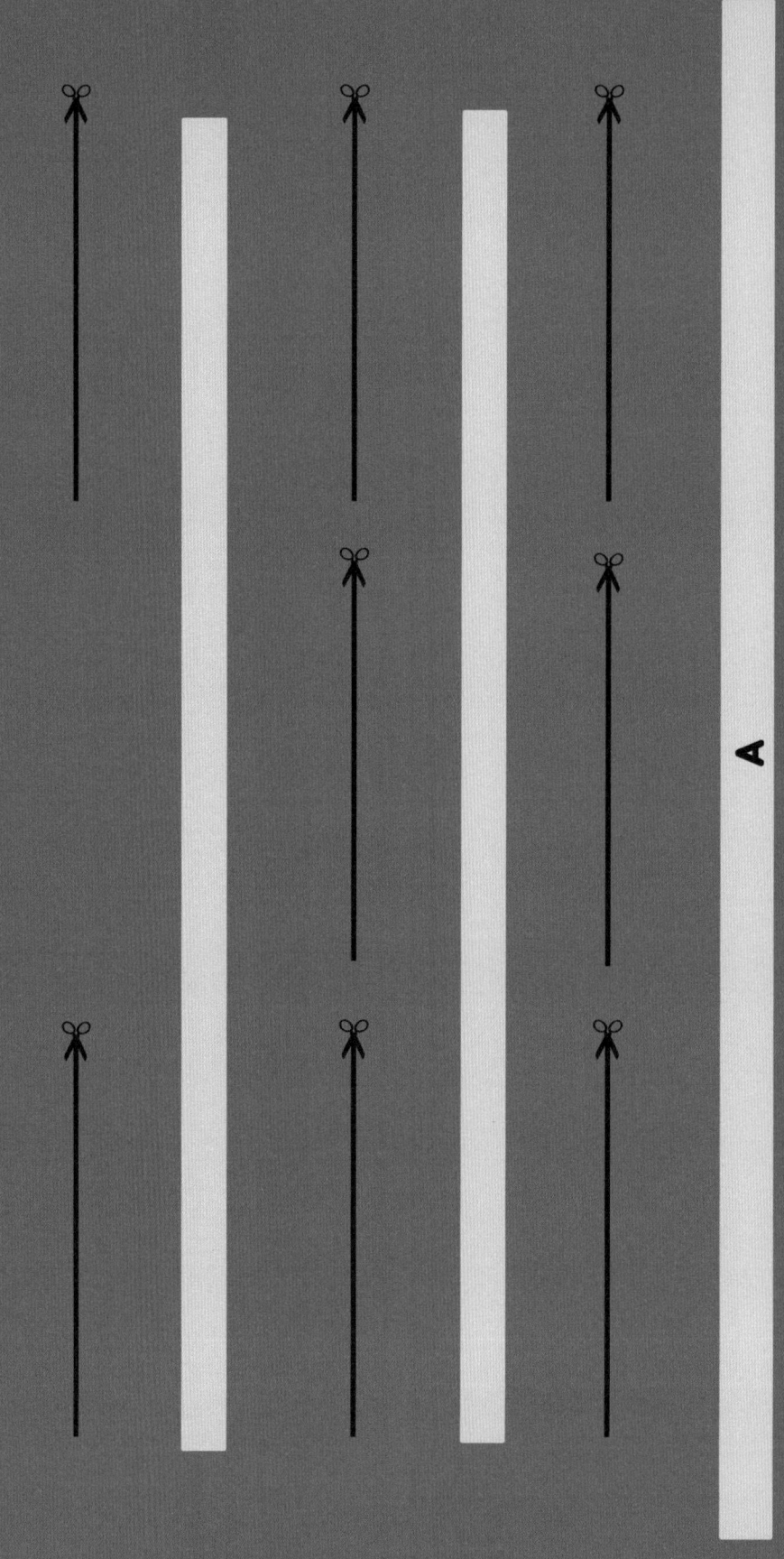

[과일 가게⑤ : 과일]

[과일 가게⑥ : 과일+모자와 옷]

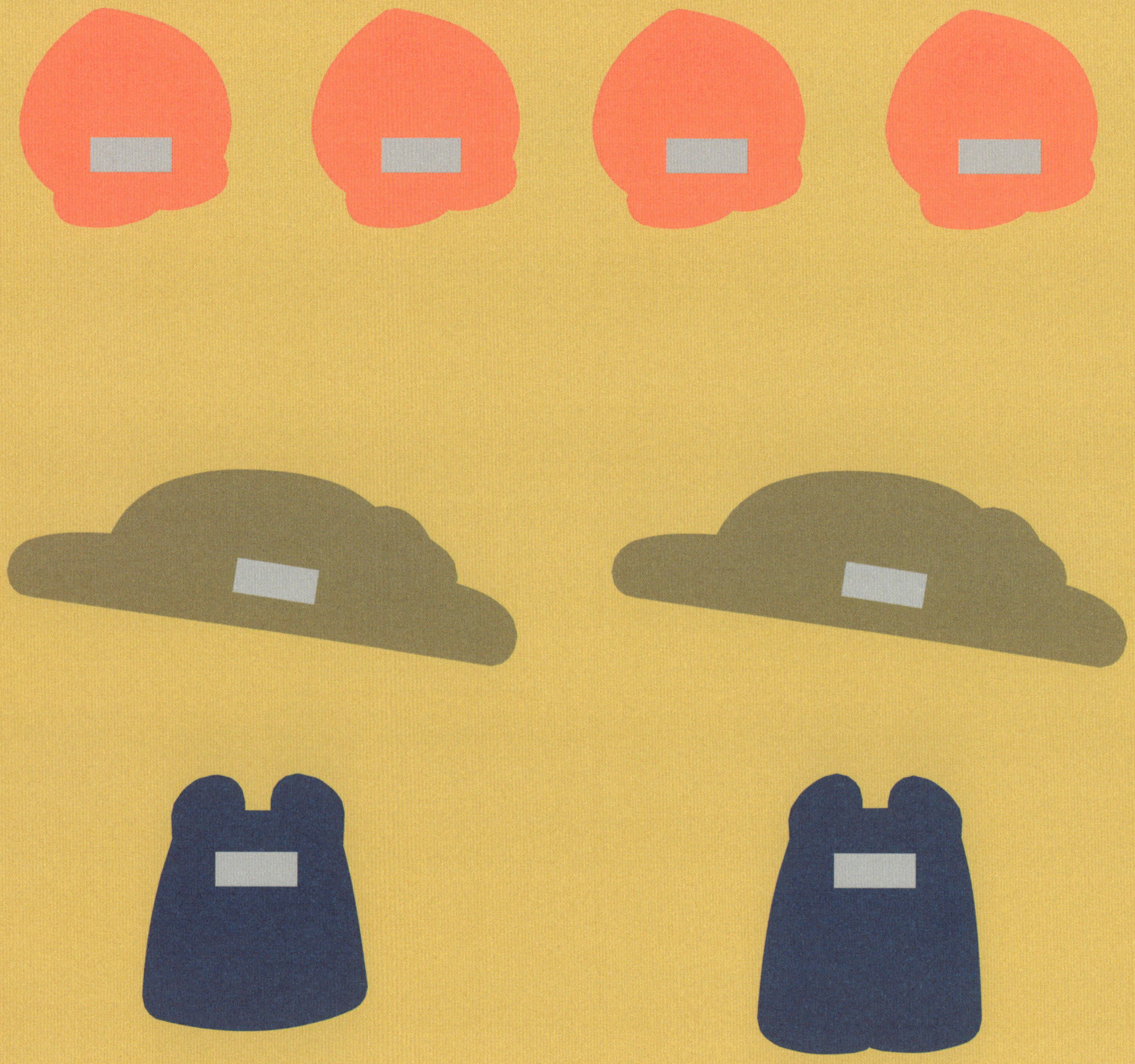

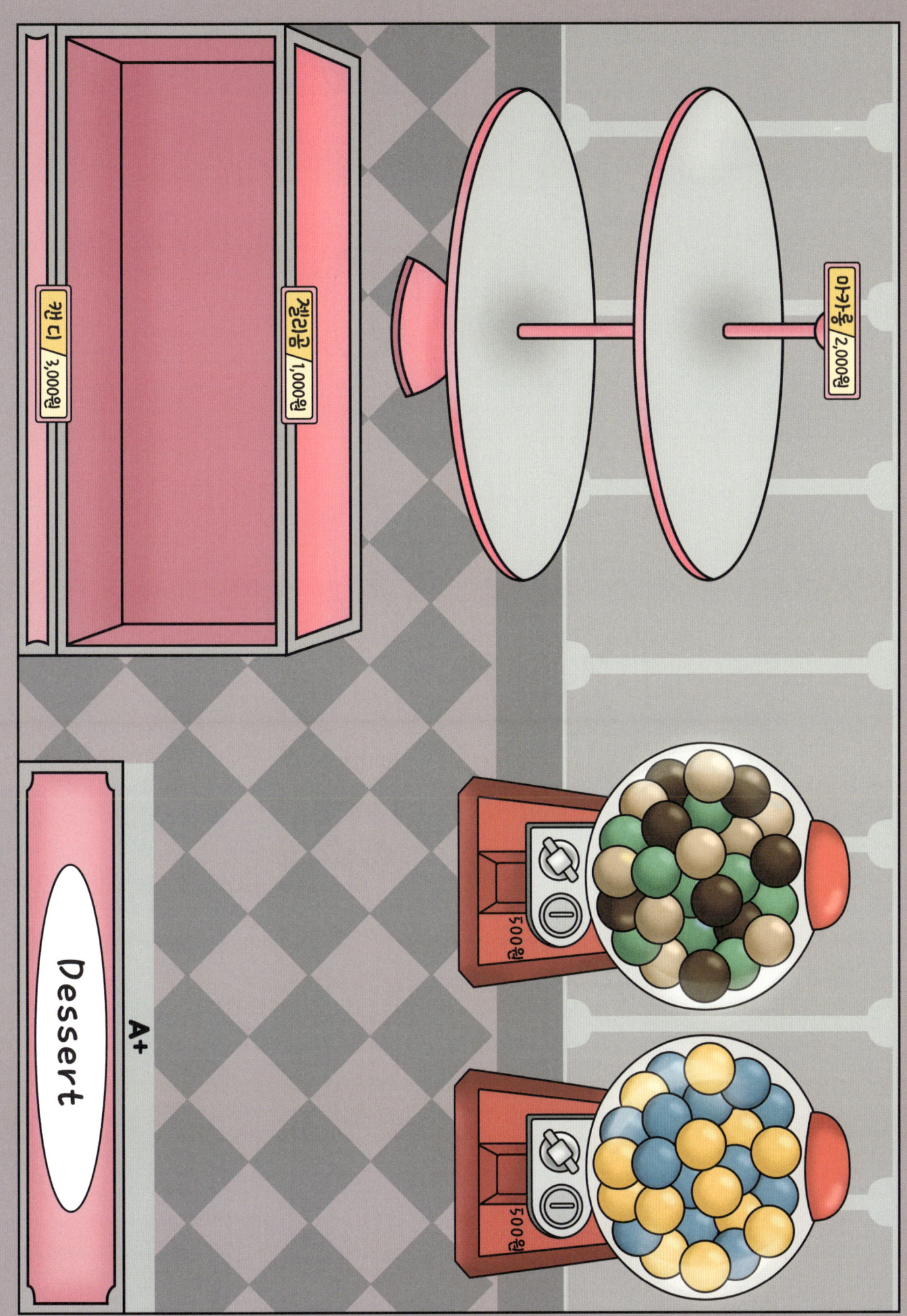

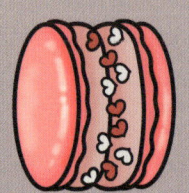

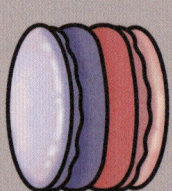
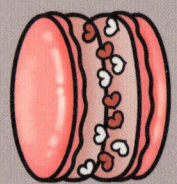

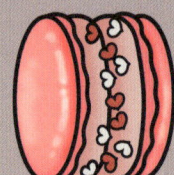

[디저트 가게② : 위쪽 문]

[디저트 가게③ : 아래쪽 문]

[디저트 가게 ④ : 디저트]

[디저트 가게⑤ : 쇼케이스+모자와 옷]

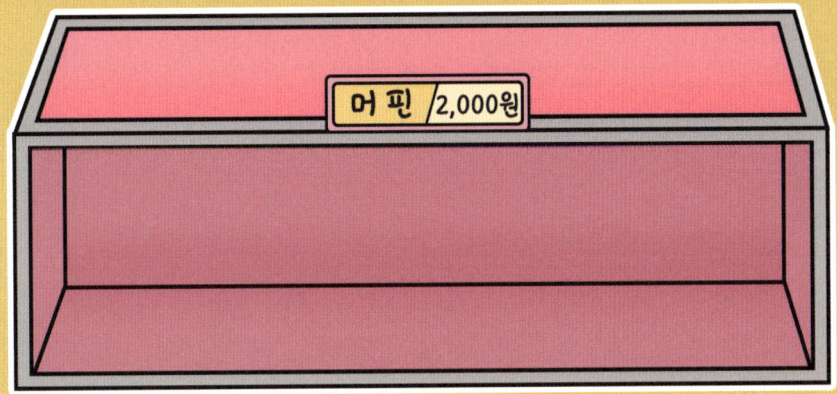

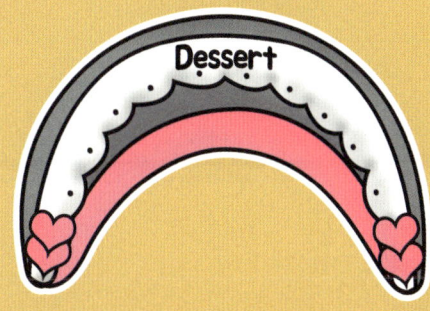

A

[마트①: 배경]

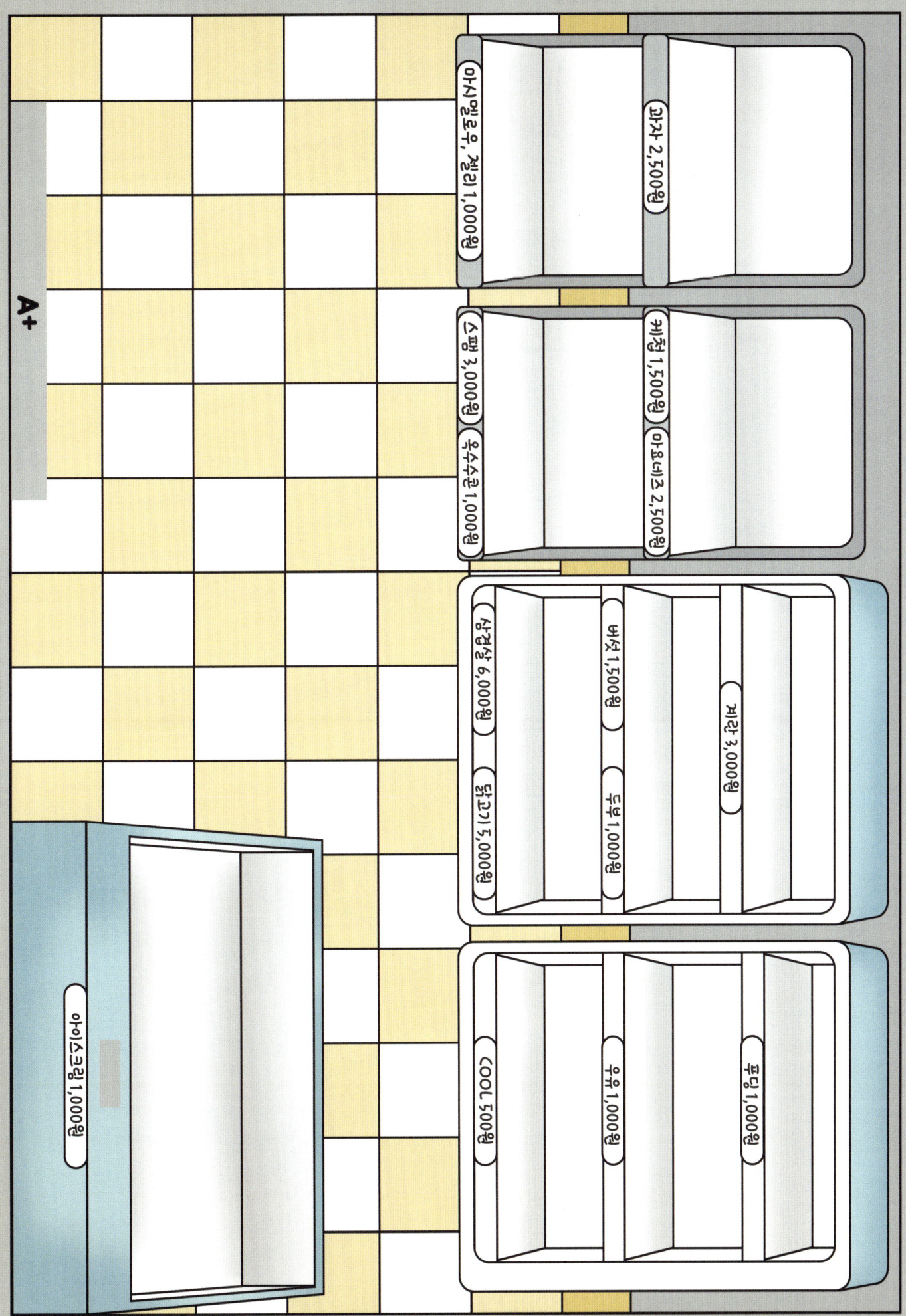

[마트② : 위쪽 문]

[마트③ : 아래쪽 문]

[마트③ : 아래쪽 문]

[마트④ : 아이스크림 상자 문+카트+계산대]

[마트④ : 아이스크림 상자 문+카트+계산대]

[마트⑤ : 물건]

[마트⑥ : 물건+머리띠와 모자와 조끼]

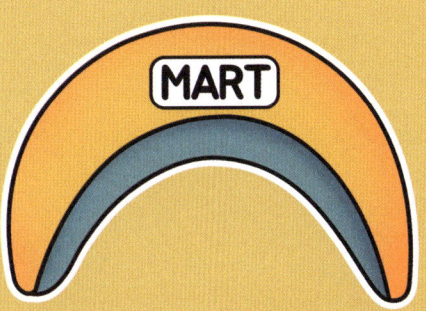

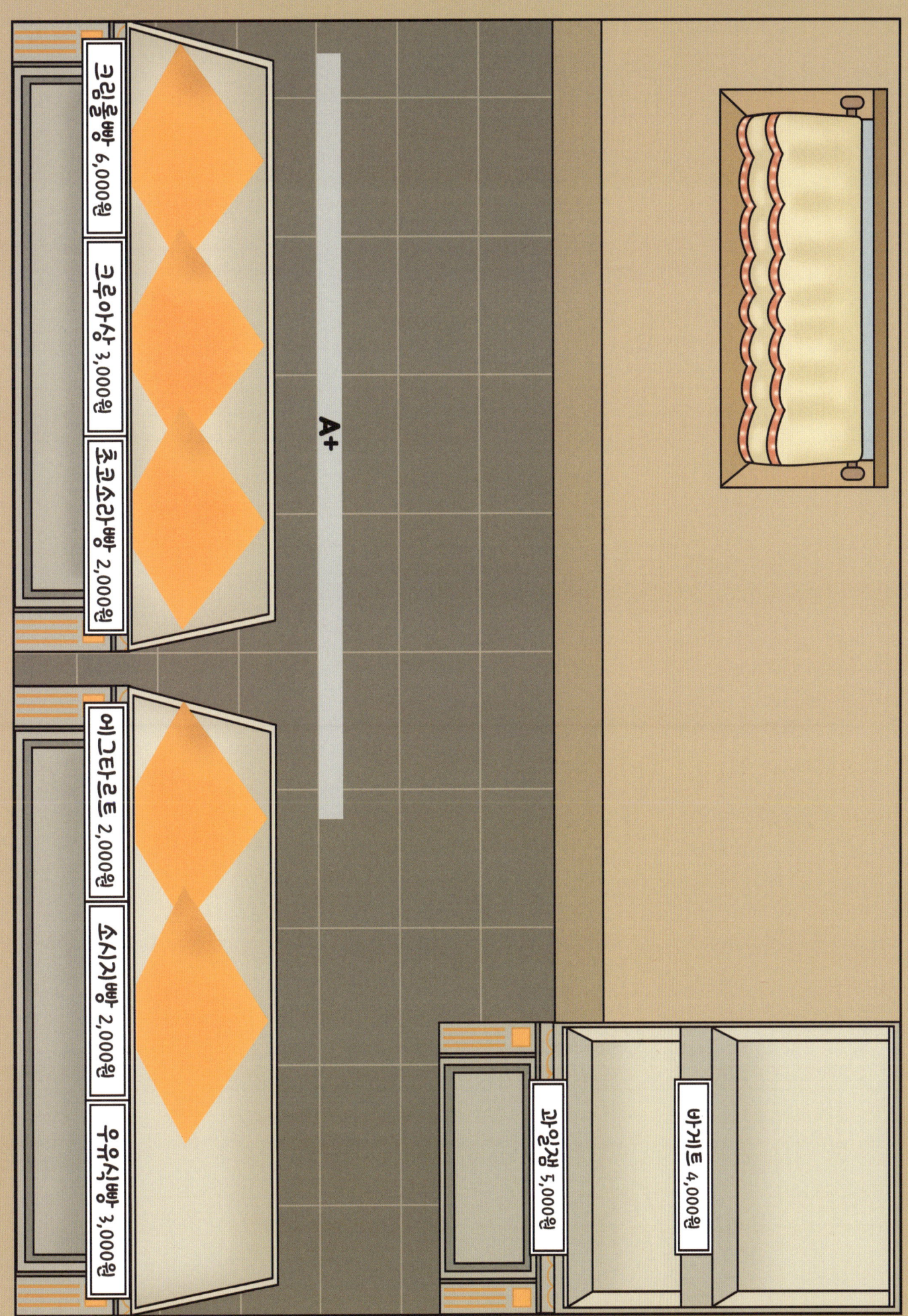

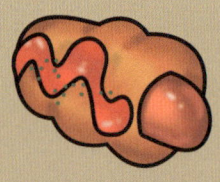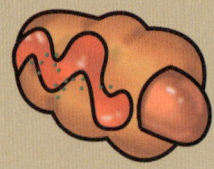

[베이커리② : 위쪽 문]

[베이커리 ③ : 아래쪽 문]

[베이커리④ : 빵+잼]

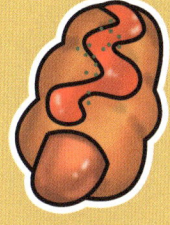
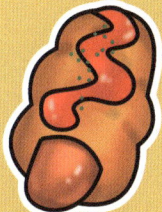

[베이커리⑤ : 케이크+쇼케이스+두건]

케이크 10,000원

A

[분식점①:배경]

[분식점②: 위쪽 문]

[분식점③ : 아래쪽 문]

[분식점③ : 아래쪽 문]

[분식점④ : 음식+떡볶이 철판]

[분식점⑤ : 테이블+소품+모자와 앞치마]

A

[아이스크림 가게① : 배경]

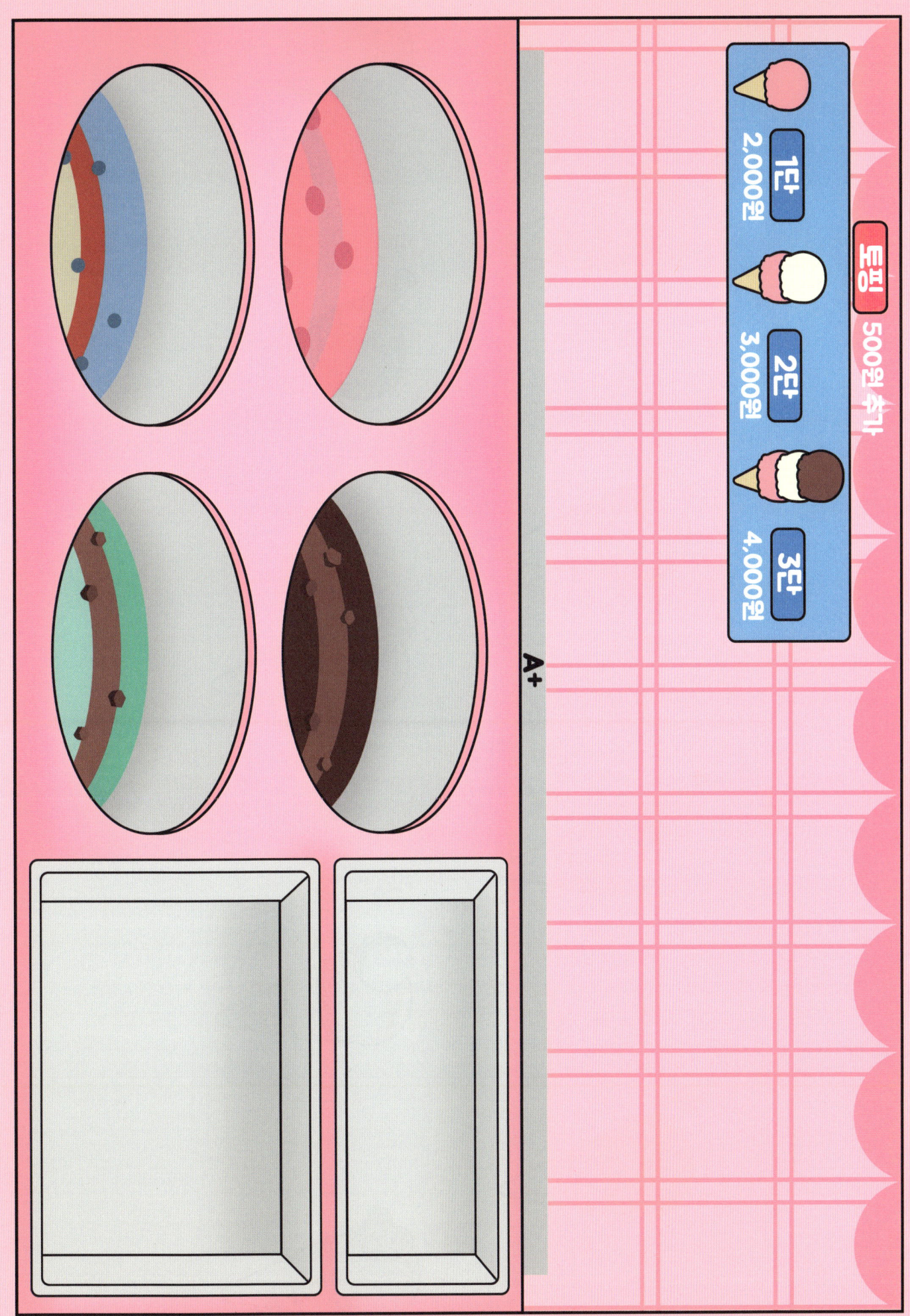

[아이스크림 가게② : 위쪽 문]

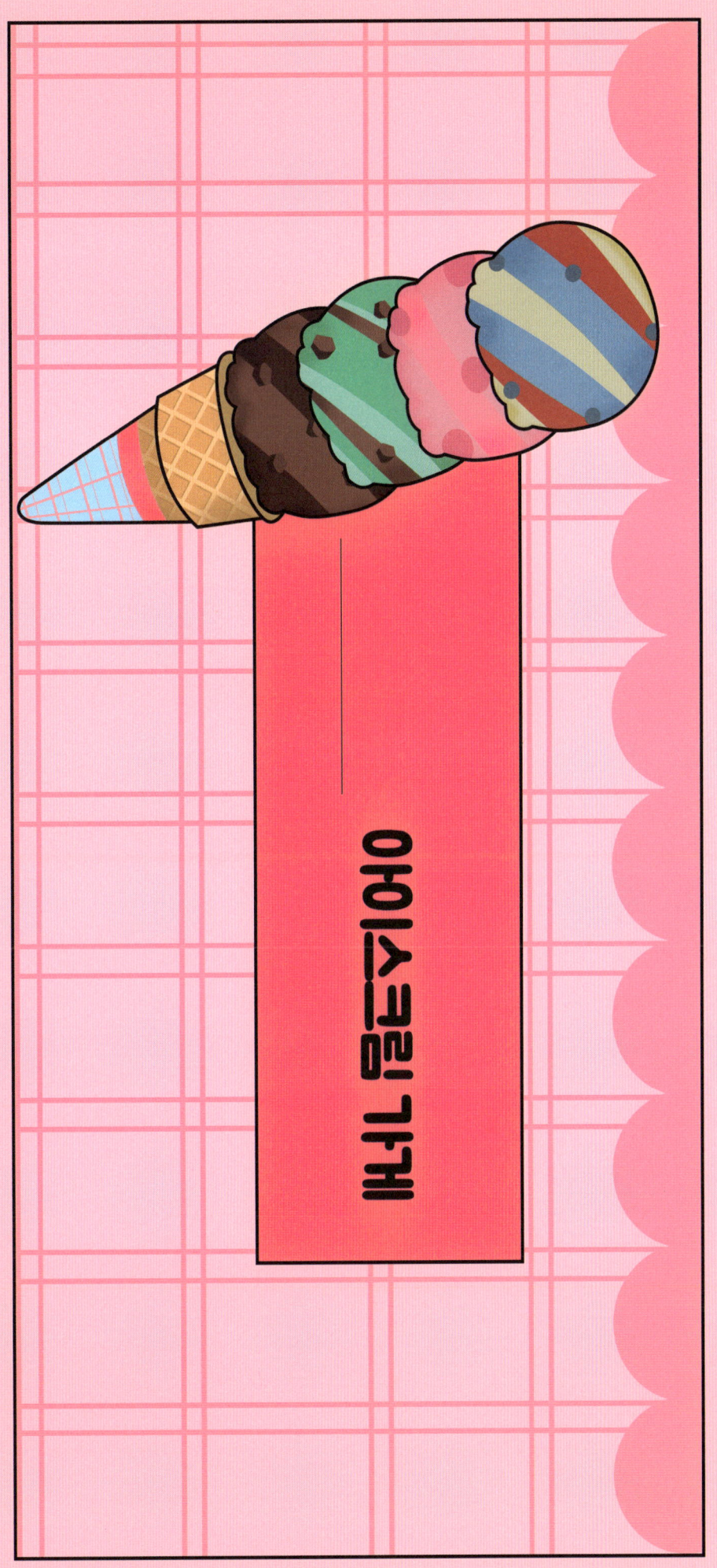

[아이스크림 가게③ : 아래쪽 문]

[아이스크림 가게④ : 아이스크림+콘]

[아이스크림 가게⑤ : 테이블+토핑+모자와 옷]

[초밥 가게 ② : 위쪽 문]

[초밥 가게③ : 아래쪽 문]

[초밥 가게 ④ : 초밥+마끼 받침대]

[초밥 가게⑤ : 테이블+소품]

A

[초밥 가게⑥ : 밥솥+모자와 옷]

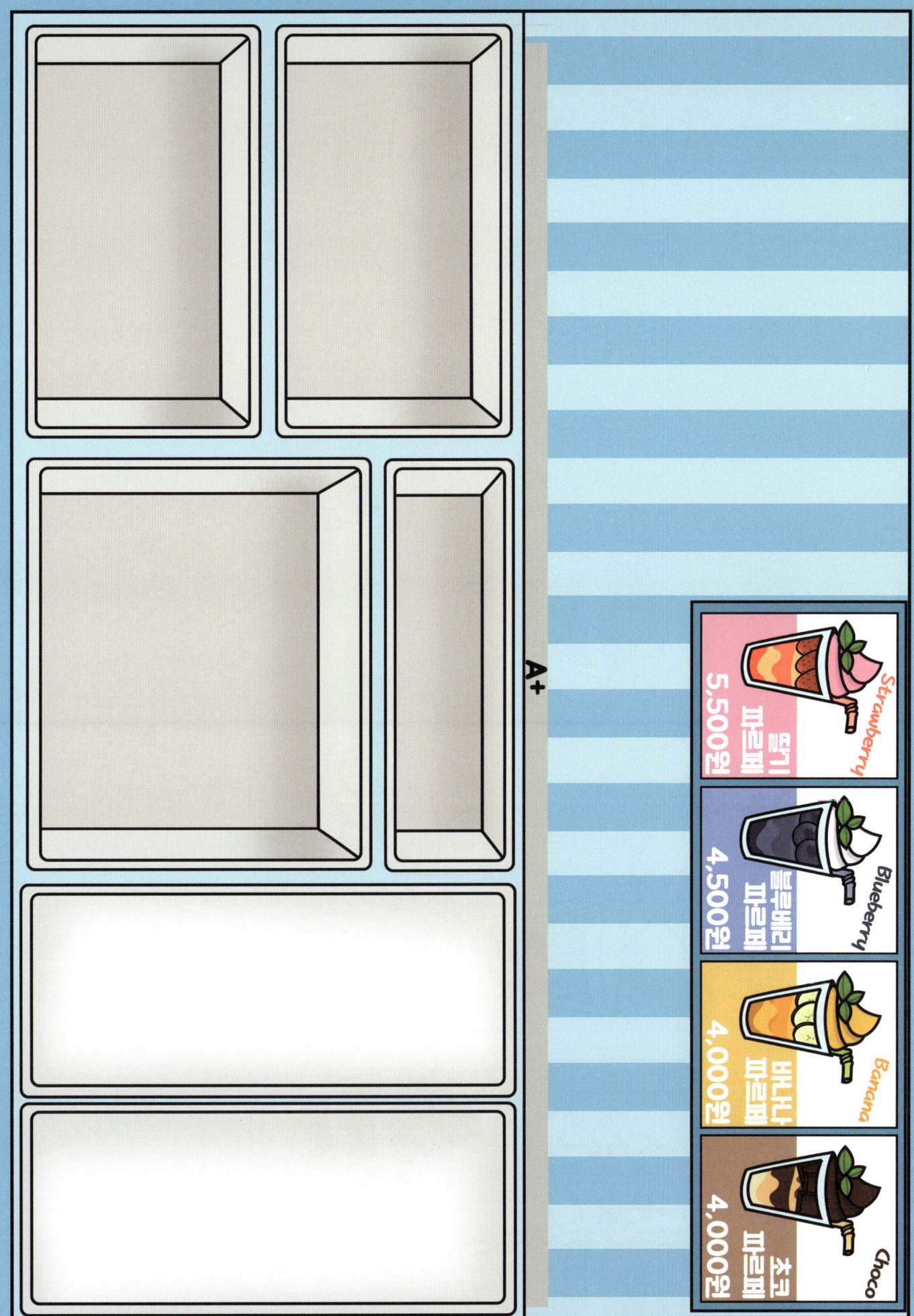

[파르페 가게② : 위쪽 문]

[파르페 가게 ③ : 아래쪽 문]

[파르페 가게④ : 토핑+아이스크림+빨대]

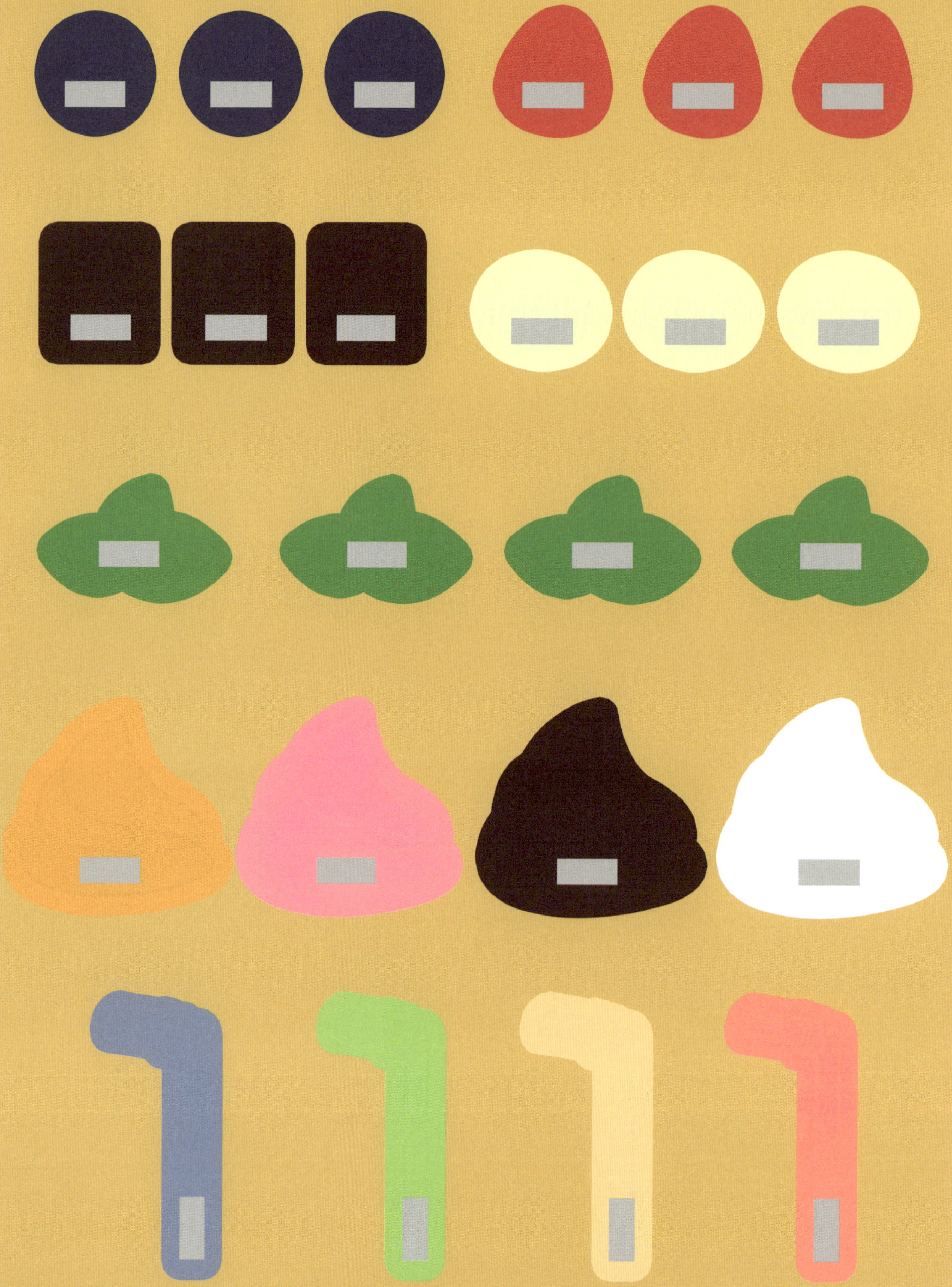

[파르페 가게⑤ : 컵+파르페]

[파르페 가게⑥ : 테이블+화분+모자와 옷]

A

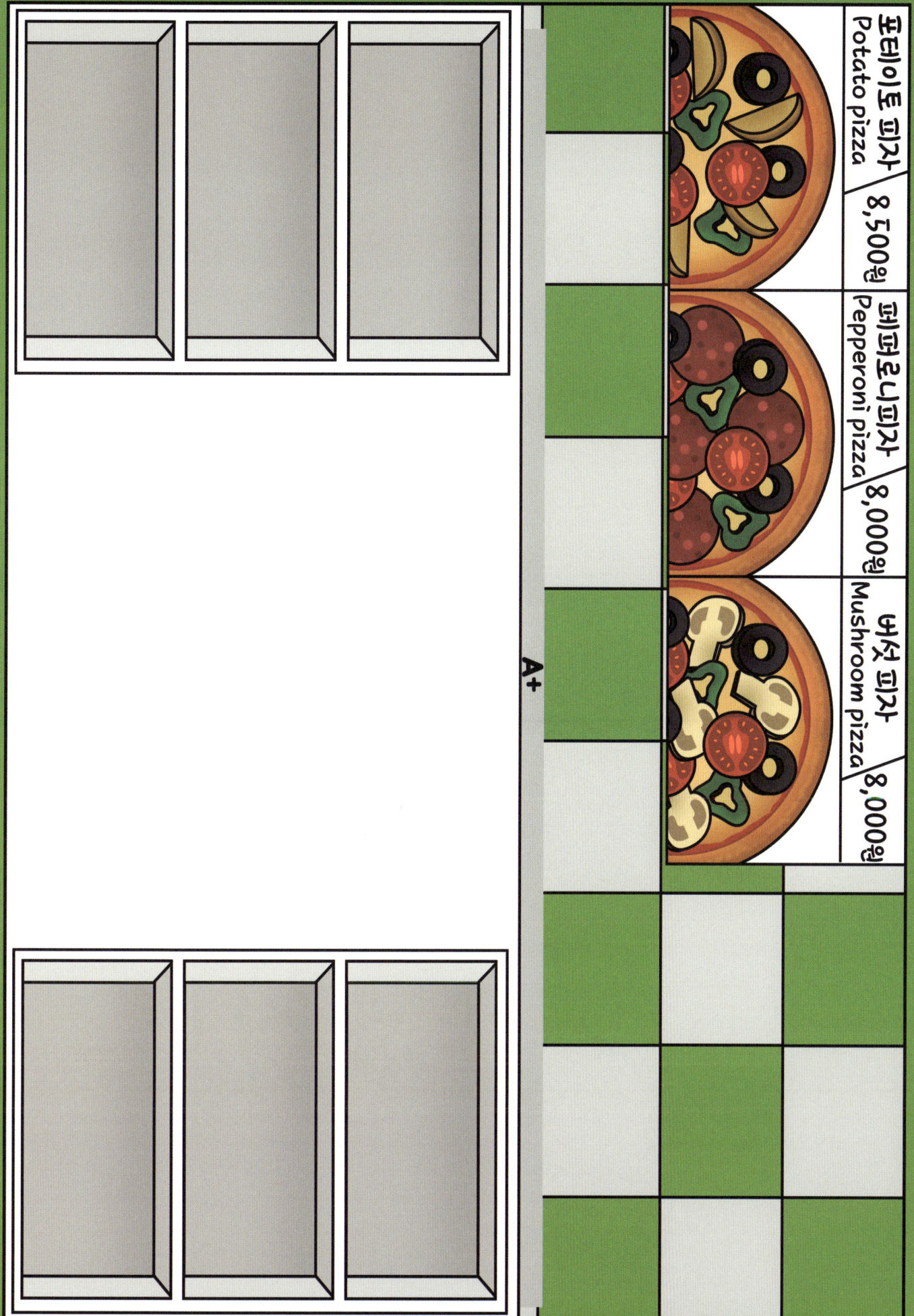

[피자 가게 ② : 위쪽 문]

피자 가게

[피자 가게③ : 아래쪽 문]

[피자 가게 ④ : 토핑]

[피자 가게⑤ : 피자 도우]

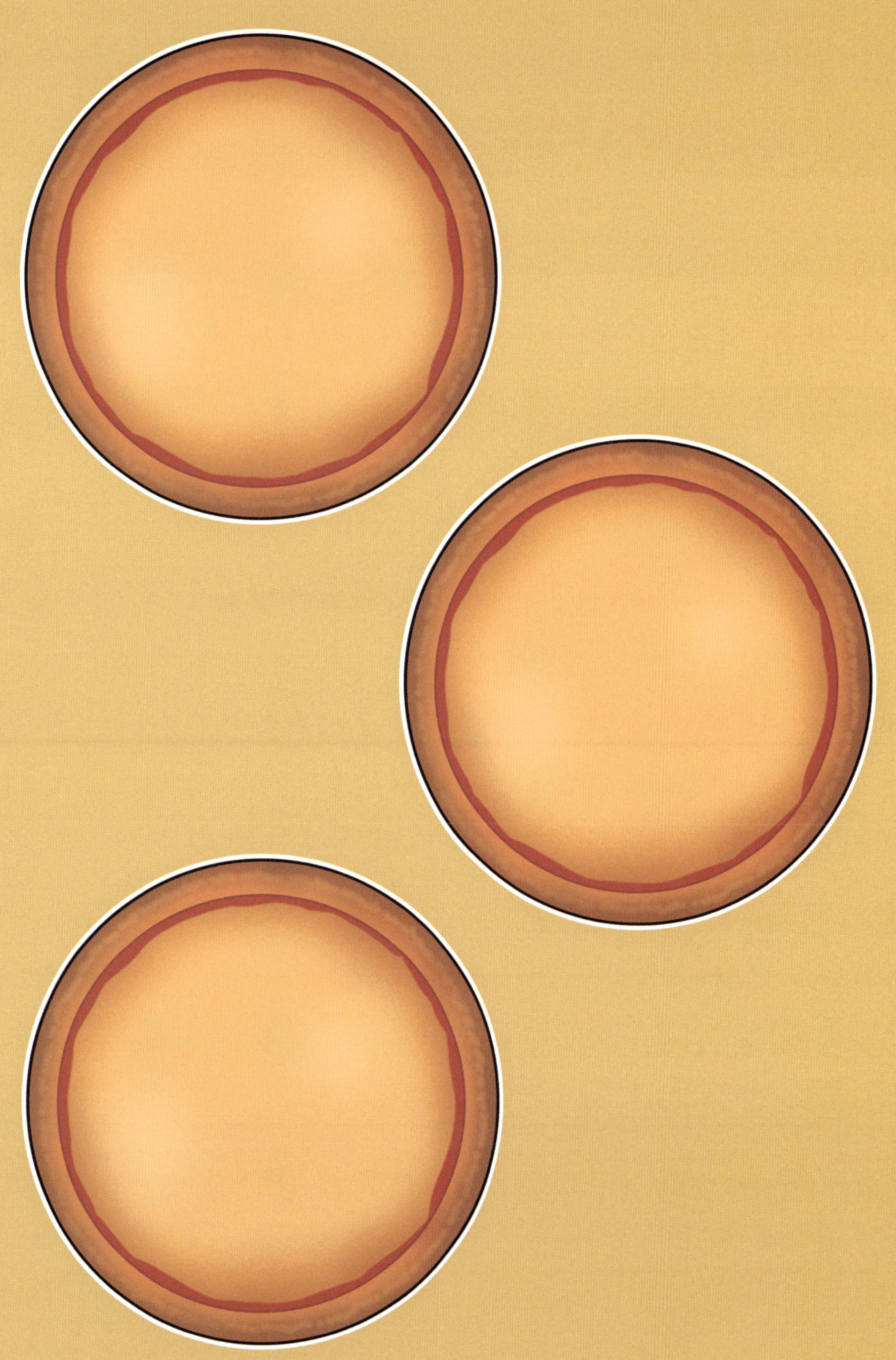

[피자 가게⑥ : 테이블+도우 보관함+소품+모자와 옷]

[햄버거 가게 ② : 위쪽 문]

[햄버거 가게③ : 아래쪽 문]

[햄버거 가게④ : 햄버거 재료]

[햄버거 가게⑤ : 케첩+감자튀김+트레이]

[햄버거 가게⑥ : 테이블+모자와 옷+데코픽]

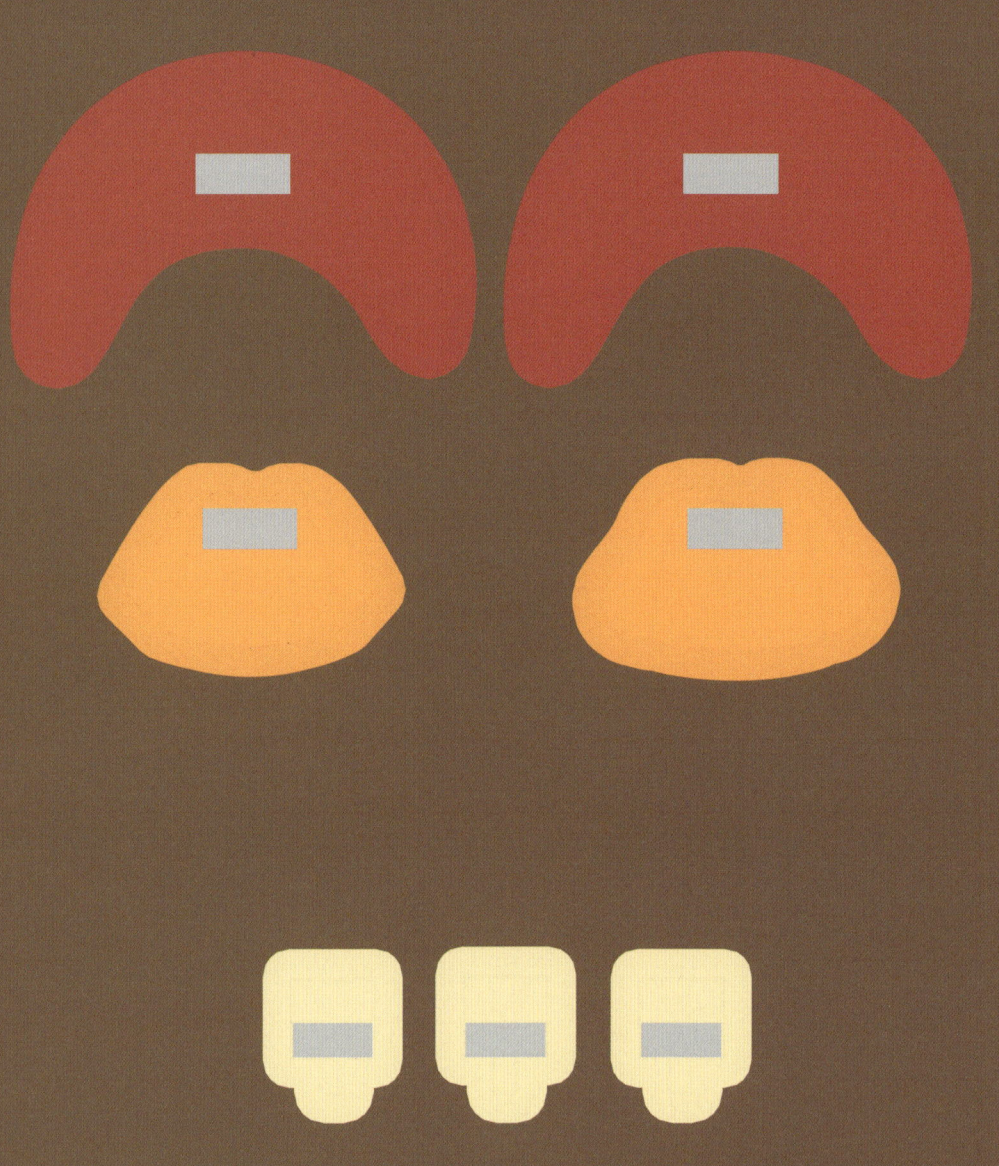

BONUS

띠부띠부 가게놀이
컬러링 도안

귀여운 띠부띠부 가게놀이의 캐릭터들을 직접 색칠할 수 있도록 각 가게의 콘셉트에 맞는 10가지 컬러링 도안을 준비했어요. 원하는 색으로 마음껏 꾸며보고, 예쁘게 칠한 컬러링 도안은 뜯어서 장식해도 좋아요.